大川隆法

RYUHO OKAWA

ジョーズに勝った尖閣男

トクマとの政治対談

本対談は、2012年10月30日、幸福の科学総合本部にて、
公開収録された。

幸福実現党青年局長でミュージシャンであるトクマ氏。大川隆法作詞「ENDLESS LOVE FOR TOKYO」に曲をつけ、対談の場で披露した。

2012年9月18日、トクマ氏は、尖閣諸島への上陸を決行。写真左は、魚釣島に向かって泳ぐトクマ氏。

魚釣島に上陸し、日の丸を掲げ（写真上部）、持参の箒で慰霊碑を清めたあと、オリジナルソング「I Love Zipang」を捧げた。

対談当日もその時の箒を持参。

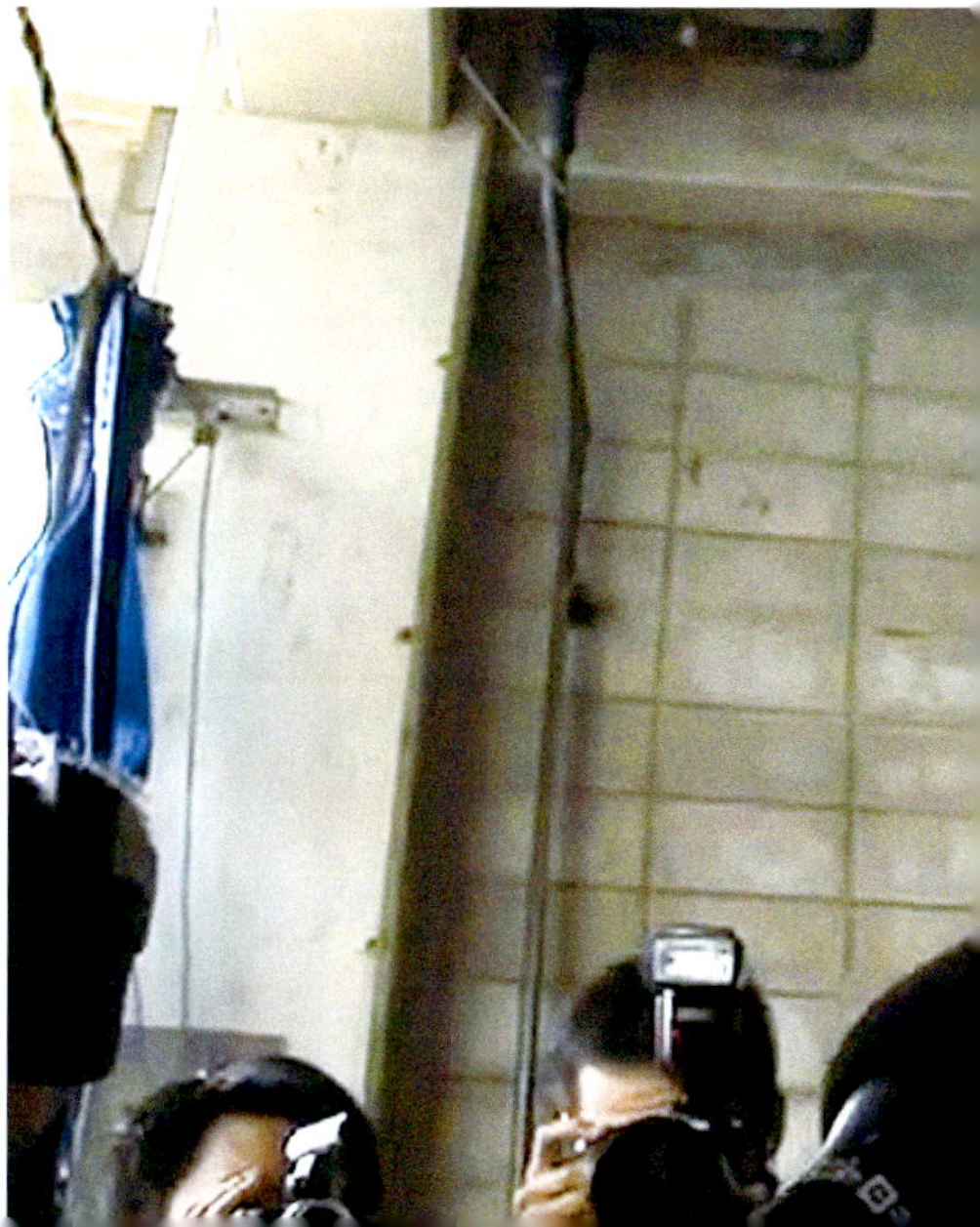

石垣島に戻り、マスコミ各社のインタビューに答えるトクマ氏。（画像提供：園田ヒデト氏）

まえがき

すごい男が出てきたものである。「すわ、日中激突か」というピリピリした、海上保安庁が「上陸しちゃだめです。」と叫んでいる時に、ホウキを右手に持ち、何万匹のサメが泳いでいる中を、左手で海水をかいて、尖閣諸島の魚釣島《うおつりしま》に上陸した男である。その男は、ホウキで浜辺を掃《は》き清めたあと、祈りを捧げると、「尖閣上陸記念ライブ」をやってのけたのである。

警察に後日事情聴取されても、「幸福実現党員です。」と言い続けているとのウワサが東京まで聴こえてきた。石原（前）都知事にかわって、つかまって、「中国は『愛国無罪』で、日本は『愛国有罪』ですか。」と問い質《ただ》したのである。男である。百六十年前、ペリーの黒船に国禁を破って手こぎ船で乗り込んだ吉田松陰以来である。

「トクマ」偉いぞ。勇気は行動によって実証される。日本の法律は、日本国と日本国民のためにまず創られ、解釈されねばならぬ。政治の原点はそこにある。

二〇一二年　十一月一日

幸福《こうふく》の科学《かがく》グループ創始者兼総裁《そうししゃけんそうさい》　大川隆法《おおかわりゅうほう》

ジョーズに勝った尖閣男　目次

まえがき　1

第1章　ジョーズに勝った尖閣男《せんかくおとこ》

――トクマとの対話――

二〇一二年十月三十日　収録

東京都・幸福の科学総合本部にて

11　愛国心教育で、さらなる日本の繁栄を！　186

第2章　トクマ過去世鑑定《かこぜかんてい》

二〇一二年十月二十九日　収録
東京都・幸福の科学教祖殿《きょうそでん》　大悟館《たいごかん》にて

第1章

ジョーズに勝った尖閣男《せんかくおとこ》

――トクマとの対話――

二〇一二年十月三十日　収録

東京都・幸福の科学総合本部にて

［対談者］トクマ（TOKMA《トクマ》）

ミュージシャン。幸福実現党青年局長。一九六六年十一月十一日生まれ。東京都出身。青山《あおやま》学院大学経済学部卒業後、単身渡米《とべい》し、帰国後トヨタ自動車に入社。その後、音楽活動に専念し、各種メディアで活《かつ》躍《やく》。二〇一二年九月、尖閣《せんかく》諸島魚釣島《うおつりしま》に上陸したことがマスコミで報道され、大きな話題となった。

［司会］白倉律子《しらくらりつこ》

フリーアナウンサー。幸福実現党公式番組「幸福実現TV《ティーヴィー》」（インターネット配信）キャスター、幸福の科学のラジオ番組「天使のモーニングコール」のパーソナリティーを務める。

1　誰《だれ》かが実行すべきだった「尖閣上陸」

トクマの尖閣上陸には「吉田松陰《よしだしょういん》の行動」と共通するものがある

大川隆法　（トクマに）どうも。
「増税反対～♪」（トクマ氏の『TAX《タックス》　HEAVEN《ヘブン》　～増税反対～』の一節を口ずさむ）（会場笑・拍手《はくしゅ》）
対談にならないかも（笑）。

司会　いつもとまったく違《ちが》うパターンの登場の仕方をされて、逆に、大川総裁からサプライズを受けました（笑）。

大川隆法　（サングラスをかけているトクマ氏に）大丈夫《だいじょうぶ》ですか。私もサングラスをかけてきたほうがよかったかな（会場笑）。

司会　（笑）

大川隆法　持っていないわけではないんですよ（笑）。「サングラスをしてくるかな？」と読んでいたので、私もしてくればよかったなあ。

トクマ　（笑）

司会　今日は楽しくなりそうです。

トクマ　おはようございます。

大川隆法　ええ。

司会　それでは、これから、幸福の科学グループ創始者兼《けん》総裁・大川隆法先生とトクマさんの対談を始めさせていただきます。

大川総裁は、今日の対談のタイトルをこうつけられました。「ジョーズに勝った尖閣男」（会場笑）。

これには、説明が必要かと思います。

世間一般《いっぱん》の方にも知られていると思いますが、九月十八日に、こちらにいらっしゃるミュージシャンのトクマさんが、「尖閣に上陸した日本人」として報道されました。トクマさんが尖閣諸島で泳いでみると、実はサメがたくさんいたらしいのです。そんな背景があってのタイトリングだと思います（笑）。

先生、では、対談の趣旨《しゅし》をお聴《き》かせください。

大川隆法　「ジョーズに勝った尖閣男」というタイトルで、話の結論はだいたい出ているのではないかと思います。これだけ分かっていただければ、尖閣の話は、世界にほぼ通じるのではないでしょうか。

尖閣には、誰《だれ》かが行かなければいけなかったんです。竹島《たけしま》には、韓国《かんこく》の大統領が来ましたし、国会議員も十人は来ました。尖閣には、漁民かどうか分からない人が先に来て、逮捕《たいほ》されて帰されましたけれども、次は、習近平《しゅうきんぺい》が降りてくるはずです。

トクマ　そうですね。

大川隆法　たぶん来るでしょう。その前に、野田《のだ》さんでも、安倍《あべ》さんでも、石破《いしば》さんでも、誰かが尖閣諸島に上陸しなければいけない。

本当は、石原《いしはら》さんがいちばん上がりたかったんだろうし、逮捕されたかったんでしょう。私も、その姿を見たかったんですけど、石原さんでは、さすがにサメのいる海は泳げないでしょうね。

そういう意味で、普通《ふつう》の海水浴と思えば大したことはありませんが、今回の尖閣上陸は、政治的には非常に意味のあることでした。これは、あとになるほど効いてくるというか、影響《えいきょう》が大きくなってくると思います。「サメのいる海を泳いで上陸した日本人がいた」という事実自体が、「吉田松陰《よしだしょういん》がペリーの船に漕《こ》ぎ寄せた」ということと同じような意味を持ってくるでしょう。

吉田松陰も、その行動だけを見れば、「断られて帰った」というだけで、大したことがないように思えるけど、あとになるほど激震《げきしん》が走ってくるんですよね。「国禁を破って、渡航《とこう》しようとした」ということが、結局、開国への道になりました。

今回は、「日本人には、そんなことをする勇気はない」と近隣《きんりん》の国に思われ、かつ、日本政府も国禁にして行かせないようにしていたところで、トクマさんが上陸したわけです。

たぶん、石原さんの東京都が尖閣を買っていれば、いろいろな施設《しせつ》をつくり、自分も上陸していたはずですが、政府のほうが買って、国有地としてしまいました。おそらく、外務省は、「政府が買って国有化した場合には、上陸もしないし、何もつくらない。まったくそのままの状態で置いておきますよ」というように中国と密約して、国有化を進めたはずです。そう合点《がてん》してやったはずなんですよ。ところが、その〝外務省の密約〟、あるいは〝首相の密約〟を、トクマさんが破ってしまったわけです。これが、警察の怒《おこ》った理由かもしれません。

司会　トクマさんの上陸は、「尖閣の国有化後、初の上陸」です。

大川隆法　そうなんです。

司会　その前にも、何人かおられましたが、みなさん、国有化前でした。

大川隆法　おそらく、「いきなり上陸はさせない。だから、黙《だま》っておとなしく認めてくれ」という約束を中国としているはずです。
その意味で、トクマさんは、「中国を怒らせた男」と言ってもよいのかもしれません。

ミュージシャン「トクマ」の意外な経歴

司会　トクマさんのことを、まだ、ご存じない方のために、経歴をご紹介《しょうかい》させていただきます。

トクマさんは、一九六六年十一月生まれの四十五歳《さい》。ロックミュージシャンです。東京都出身で、ご家族は奥様とお子様がおられ、三人の男の子のパパでもあります。

青山《あおやま》学院大学経済学部経済学科を卒業後、単身渡米《とべい》。そのあと、帰国して、トヨタ自動車に入社。バンド活動のほうは、大学在学中に始められました。トヨタでは、半年間の研修の後、退社し、音楽活動に専念されます。それ以降、曲づくりに……。

トクマ　クビにされる前に自分から辞《や》めたんですよ（会場笑）。

司会　ご自分から？

大川隆法　給料をもらって研修を受けて、辞めたんですね（会場笑）。

司会　ライブ活動などを続けて、一九九六年にファーストシングルをメジャー発売。これがデビュー曲になりますか。

トクマ　そうですね。

司会　「Oh!《オー》 Angelina《アンジェリーナ》」。

トクマ　はい。

司会　二〇〇六年からは、経営者の顔も持たれていて、アルパカやオーガニックコットン専門ショップの経営をされています。ショップチャンネルなどに出演されているそうですが、これは、ケーブルテレビですか。

トクマ　そうですね。二十四時間放送しているテレビ通販《つうはん》です。

大川隆法　この前、アルパカの人形を買ってきて、リビングのテーブルに飾《かざ》っているんですよ。たまたまですかね（会場笑）。

司会　（笑）トクマさんのお店のものでしょうか。
幸福の科学への入信は、一九九三年六月とのことです。

大川隆法　〝二十年もの〟に近いので、けっこう長いですね。

トクマ　こんなになっちゃって、先生、すみません（会場笑）。

大川隆法　（笑）二十年前と言ったら、立木《ついき》さん（幸福実現党党首）が生まれたころではない？　そんなことないか（会場笑）。

幸福実現党青年局長に就任し、「尖閣男」をアピールする

司会　「尖閣に上陸した」という事実が背景にあるのでしょうか、このたび、十月二十六日付で、トクマさんは幸福実現党青年局長に任命されたわけですね。

大川隆法　直前まで、衆院鹿児島《かごしま》三区の補選の応援《おうえん》に行ってたんだって？

トクマ　はい、行きました。

大川隆法　すごいねえ。

トクマ　いえいえ。けっこう勉強になりました。やはり、自民党のやり方はすごかったですね。

大川隆法　それは、行ってくれてよかった。私は、あとから、「トクマさんが鹿児島にいる」と聞いて、「そうか、行ってたのか」と思ったんですけどね。

トクマ　東京で、幾《いく》つか派手に使わせていただきます。

大川隆法　そうですか。何かヒントになるようなものがありました?

トクマ　はい、ありました。

大川隆法　あちらも総力戦だったようですね。

トクマ　はい。

大川隆法　まあ、今回は、厳しかったとは思いますが、だいたい、それは出来レースというか、最初から、ある程度、読めていたことではあったんです。

それでも幸福実現党に入れてくださった人は、負けることを承知の上で入れてくれた方ですから、確信的な投票なんですよ。

ただ、東京（都知事選）のほうは票が読めないので、みんな、少し困っているようですね。組織的には読めない地域なので、「どう動くか分からない」と言っているようです。

トクマ　やはり、「尖閣男」をアピールするしかないですよね。

大川隆法　そうですね。石原さんが仕事を放棄《ほうき》されたから、中国とのケンカを継続《けいぞく》しなければいけません（会場笑）。

トクマ　そうですねえ。

大川隆法　都知事の引き継《つ》ぎをしなきゃいけないからね。

トクマ　でも、僕は「中国」と言わないですから。

大川隆法　ああ、そうか。

トクマ　「シナ」です（会場笑）。

大川隆法　シナ……。でも、正式な名称《めいしょう》ですね。

トクマ　はい、そうです。

2　幸福実現党の政策を歌詞に込《こ》めて

石原《いしはら》都知事引退後の「東京都知事選の動向」を読む

司会　先生、この背景には、都知事選を睨《にら》んだ動きもあるのでしょうか。

大川隆法　ええ。今日の新聞に、「マック赤坂《あかさか》が都知事選に立候補をする」と載《の》っていましたので、先を越《こ》されましたね。

トクマ　ああ……。

大川隆法　新潟《にいがた》県知事選が終わってすぐ来ましたね。よくやりますよ。あの人は大《おお》阪府《さか》知事選にも出たらしいけど、元気ですね。もう、車の上に乗って活動しています。

あの人は、私を尊敬しているんですって。「おたくの先生、イケてますよ」と言ってくれていることが、当会の職員経由で耳に入ってくるんです。うちも負けてはいられません。頑張《がんば》らないといかんですね。

トクマ　なんか、スギちゃんも立候補するみたいですね（会場笑）。

司会　スギちゃんとは、お笑い芸人のことです。

大川隆法　これは大変だ（笑）。最後は、どんなことになるんでしょうか。まあ、候補者がどれだけ出てくるかですね。相手によって、いろいろと違《ちが》うから、どうなるか分からない。

司会　東京都知事選を睨んだ、幸福実現党青年局長任命なのかと思うのですが……。

大川隆法　ええ。都知事選を足場にしてもいいんですよ。石原《いしはら》さんのあとを追っていっても、別に構わないんですからね。

トクマ　ありがとうございます。許可が出ましたので、遠慮《えんりょ》なく〝上陸〟させていただきます（会場笑）。

大川隆法　石原さんは、国政でワンポイントしかやらないそうですから。

トクマ　ああ、そうなんですか。

大川隆法　あの人はワンポイントだけやりたいそうです。「大阪の橋下《はしもと》さんがやってくれるだろう」と思っているようでございますが、今のところ、やらないかもしれませんからね。橋下さんは、意外に……。

トクマ　トリックスターですよね。

大川隆法　なかなかの食わせ者です。自分は何もしないで、けっこう人を動かしていますけど、そんな簡単にはいかないでしょう。

トクマ　ある意味では参考になるんですよね。ところで、私にすごい参謀《さんぼう》がつきました。「人間グーグル」さん（黒川白雲《くろかわはくうん》・幸福実現党政調会長）です（『「人間グーグル」との対話』〔幸福実現党刊〕参照）。

大川隆法　ああ、「グーグル」かあ。「グーグル」は橋下さんの先輩《せんぱい》ですから、大丈夫《だいじょうぶ》ですよ。

これは話してもいいのかな？　本当は、まだ党首の許可が出ていないんですよ。「ギリギリまで伏《ふ》せてください」なんて……。

司会　都知事選のことですか。

大川隆法　そうそう。

司会　でも、いずれ（笑）……。

大川隆法　どうせばれるよね。トクマさんが黙《だま》っているわけありませんから（会場笑）。

司会　そうですね。（会場にいた立木《ついき》党首に）大丈夫でしたでしょうか（笑）。

立木　ええ。大丈夫です。

大川隆法　選挙の告示後の活動には、「許された行動」というものはあるのでしょうが、それ以外のものについては、別に何をやっても構わないわけです。関係ないんですよ。ミュージシャンとして歌を歌ったり、人を集めて話をしたり、ミーティングをやったりしても、別に何の問題もありません。

宗教活動と音楽活動のなかに、なぜか政治の内容がたくさん入っているわけですね（会場笑）。

幸福実現党の政策を要約している「トクマの歌」

大川隆法　トクマさんは、幸福実現党の政策を全部歌にしているんですよね。

トクマ　いやあ、ありがとうございます。

司会　本当にそうですね。

大川隆法　『TAX《タックス》 HEAVEN《ヘブン》～増税反対～』は何度も聴《き》いたけれども、幸福実現党の政策がよく分かっていいですね。歌を聴いたら、「幸福実現党は、こういうことを言っていたんだ」と思うぐらい、よく歌詞に要約されています。さすが頭がいいですね。ミュージシャンのなかではピカイチですね。

司会　おほめいただいて、いかがですか。

トクマ　ありがとうございます！（会場笑）

大川隆法　「これだけ硬派《こうは》の内容を歌にした」というのは、そうとうなものですよ。

司会　そうですね。

大川隆法　普通《ふつう》ではないです。「単なる青山《あおやま》学院大学卒業ではなくて、中等部から青山学院に行った」というところに、東京のエリートの匂《にお》いが残っていますね。

司会　実は育ちもいいと……。

大川隆法　生まれも育ちも頭もいいんですね。

トクマ、「ロックの精神」を語る

司会　ところで、トクマさんには、ロックミュージシャンとしての自由奔放《ほんぽう》さと、既存《きそん》の空気を破壊《はかい》するような意気込《いきご》みがあると思います。そうしたミュージシャンとしてのソウルに目をつけられたのかもしれませんが、昨日、大川総裁から、「東京」をテーマにした歌詞を頂いたそうですね。

大川隆法　そうなんですよ。昨日、トクマさんのほうから、「二曲聴いてくれ」と言ってこられたんです。『TAX HEAVEN～増税反対～』は持っているんですが、それ以外に、「『LOVE TRAIN《ラブトレイン》』と、『SUN CHILD《サンチャイルド》』を聴いてくれ」と、わざわざ言ってこられたので、それらを聴きながら、私も作詞したんですよ。

トクマ　先生、最高に感動しましたよ！

大川隆法　ああ、そうですか。

トクマ　はい。

大川隆法　それらを聴きながらの作詞ですから、もとの曲がよかったのかもしれない。

トクマ　先生に伝えたかったんですけど、僕は先生の本のなかで、実は、この本が大好きなんです（『青春詩集 愛のあとさき』〔宗教法人幸福の科学刊〕を掲《かか》げる）。

大川隆法　ああ、そう……。いや、それは勘弁《かんべん》してほしい（笑）。それは外で売れない本ですよ。

トクマ　でも、曲を付けたくなるんです。

大川隆法　ありゃりゃ。まだありますか。まいった、まいった。

そのもとになったのは、昔、限定百部で初めてつくった私家版《しか》の本です。二十代のときに、三十万円を出して自費出版した詩集なんですが、持っている人が一部いて、今、値打ち物になっているようです。

トクマ　いや、かなりロックですよ（会場笑）。

大川隆法　そうですか。ロックですか。

トクマ　最高ですよ。

大川隆法　ロックとは思わなかったなあ。その意識はなかったですね。そうですか。使えるものがあれば使っていただいて結構ですよ。

確かに、ロックには、政治的な色彩《しきさい》がありますけどね。体制に対してアピールする面はあります。

それがロックですか（会場笑）。その本は、「出さないほうがいい」という声が強くて、なかなか出せなかったんですよ。

トクマ　だから、そこにロックの要素があるんですよ（会場笑）。

大川隆法　ああ、なるほど。

「出すとイメージが崩《くず》れる」とか、「いろいろと隙《すき》をつくる」とか、「『こんなことがあったのか』と言われるから、出さないほうがいい」とか、そういう声が強かった本なんです。

隙を見て出したら、子供たちに「こんなことがあったのか」と言われ、ゲラゲラ笑われてしまいましたけどね。

トクマ　いや、本当に希望の書ですよ。

大川隆法　ああ、そうですか。

トクマ　はい。

大川隆法　いやあ（笑）。まいった、まいった。

トクマ　本当に、こういうのがいいんですよ。

3　幸福実現党は「チャレンジャー」だ
尖閣男のシンボルとなった「ホウキ」のエピソード

司会　トクマさんには、いろいろと〝隠《かく》し球〟があるのかもしれません。ギターケースが傍《かたわ》らに置いてありますね。

トクマ　（ギターケースからホウキを取り出す）先生にお見せしたかったんです。

大川隆法　このホウキは出てくると思ったんですよ（会場笑）。

司会　尖閣に行ったときに、〝お掃除《そうじ》〟をしたホウキですね。

大川隆法　うーん。

トクマ　先生が、「トクマ君は、どうやって泳いだんだ?」って言われたじゃないですか。

司会　ぜひ、説明をしてください（笑）。

大川隆法　（トクマ氏からホウキを渡《わた》され、ギターを弾《ひ》くしぐさをする）

司会　先生、お似合いです（笑）。

大川隆法　これは松島《まつしま》幹事長にやってもらったほうがいいですね。「三千世界の鴉《からす》を殺し～♪」（高杉晋作《たかすぎしんさく》の都都逸《どどいつ》）って歌わなきゃいけない（会場笑）。

司会　尖閣に行ったとき、そのホウキを持って、どのように泳いだのでしょうか。

大川隆法　ホウキを尻尾《しっぽ》にして、こう振《ふ》る（会場笑）。

トクマ　ホウキを右手に持ちまして、（平泳ぎのしぐさをしながら）こう泳いだんです。でも、左手だけで掻《か》きますから、だんだん、右のほうに曲がってしまう（会場笑）。

大川隆法　（笑）

トクマ　そのままでは上陸できないじゃないですか。ですけど、ここが神仕組《かみしくみ》なんですよ。ちょうど右から左に潮が流れていたので、真っ直ぐに進むんです（会場笑）。本当にびっくりしました。

大川隆法　（ホウキでお祓《はら》いをするしぐさをしながら）祓いたまえ、清めたまえ（会場笑）。これは何かに使えそうですね。

トクマ　（ゴルフのスイングのしぐさをしながら）これにもなりますからね。

大川隆法　ゴルフもできる？

司会　ええっと、ホウキによる芸ではなくてですね（笑）、そういう潮の流れが見つかり、尖閣に上陸したときの様子について……。

大川隆法　このホウキは、三種の神器《じんぎ》ならぬ、何かの神器として、どこかに祀《まつ》らなければいけないかもしれない。〝愛国神器〟か何かにしなければいけないかもしれませんね。

トクマ　ありがとうございます。

海に飛び込《こ》む前に「家族との別れ」を覚悟《かくご》した

司会　海に飛び込《こ》んだときのトクマさんの心境は、どんなものでしたか。「やむにやまれぬ大和魂《やまとだましい》だった」という解釈《かいしゃく》もできますが、そのあたりは、計画的だったのでしょうか。あるいは、泳いでから気づいたこともいろいろあると思います。

大川隆法　「携帯《けいたい》で奥さんに電話した」という話は聞きましたよ。

トクマ　はい、電話しました。

大川隆法　ということは、携帯を持ったまま泳いだんですか。

トクマ　いえいえ。

大川隆法　携帯は船に置いていったの？

トクマ　電波が届かなかったので、石垣島《いしがきじま》の湾《わん》から出るギリギリの所で話しました。

大川隆法　そのときに、「これから行ってくる。さよなら」と言って……。

トクマ　そうなんです。

大川隆法　（右手を振りながら）「さよなら～、さよなら～、さよなら～♪」という感じだったんですか（会場笑）。

トクマ　そうなんですよ。

大川隆法　「これでパパは、あの世に逝《ゆ》くからね」という感じでしょうか。

トクマ　そうです、そうです。

大川隆法　いい感じですねえ（会場笑）。

トクマ　いやあ……。

大川隆法　いい感じだなあ。

トクマ　ただ、前の晩は、脂汗《あぶらあせ》が出て、全然眠《ねむ》れなかったですね。

魚釣島《うおつりしま》まで泳ぎ切った秘訣《ひけつ》は「若返り祈願《きがん》」にあり

トクマ　これも偶然《ぐうぜん》じゃないと思うんですが、僕が尖閣に上陸する数日前に、先生が大阪正心館《おおさかしょうしんかん》で御法話《ごほうわ》をされたじゃないですか（二〇一二年九月十六日の法話「経済繁栄《はんえい》の力」）。そのときの質疑応答で、先生が「若返り祈願《きがん》」のことをポロッとおっしゃったんですよ。

大川隆法　ああ……。

トクマ　あのときの先生には、何て言うか、すごく色気《いろけ》がありまして……。

大川隆法　色気が？（会場笑）

トクマ　はい。

大川隆法　いや、色気はありますよ。最近、特に色気があるんです（会場笑）。

トクマ　それで、僕はすぐに反応して、「先生のようになりたい」と思って祈願を受けに行ったんですよ。

大川隆法　うわあ、うれしいねえ。

トクマ　それが「若返り祈願」だったんです。

大川隆法　そうしたら、サメのいる海を泳げるようになった？

トクマ　はい、泳げたんです。

大川隆法　政党の役員も祈願を受けて泳いでもらおうか（笑）（会場笑）。

「数万匹《びき》のサメ」がいることがあとで分かって絶句！

トクマ　でも、本当は、そんなに英雄《えいゆう》っぽくはないんです。実を言いますと、サメがいることは海から上がってから……。

大川隆法　あとで分かった？

トクマ　そうなんです。

大川隆法　ありゃあ……。

トクマ　あとで船長が、「おまえら、よく泳いだなあ。あそこにはイタチザメが何万匹《びき》もいるんだぞ」と言っていましたので、僕らは、もう絶句ですよ（会場笑）。一緒《いっしょ》に行った方は、足から血が出ていましたからね。岩でやられたんです。

大川隆法　それだと、本当にサメが寄ってきますね。

トクマ　もう二人とも絶句です。

大川隆法　ああ、なるほどね。

トクマ　でも、今は、「神話《しんわ》に変えよう」と思っていて、「サメのなかに勇気を持って飛び込んだ」って……（笑）。

大川隆法　「フカヒレで中華《ちゅうか》料理をつくろう」と考えて？

トクマ　そうそう（会場笑）。

大川隆法　フカヒレ（笑）。いいですね。

トクマ　（笑）

「一瞬《いっしゅん》の衝動《しょうどう》」が人生をジャンプさせる

大川隆法　島の近くまで寄っていく途中《とちゅう》で、だいたい警告されて行けなくなるんでしょうけどね。

トクマ　それでは駄目《だめ》ですね。

大川隆法　でも、その「一瞬《いっしゅん》の衝動《しょうどう》」が、人生をジャンプさせることもあるんですよ。

トクマ　はい。

大川隆法　みな、遵法《じゅんぽう》精神で踏《ふ》みとどまりますからね。そのへんは、やはり、これ

（ホウキ）で、立木《ついき》党首の頭をカツンと打ち込まないと駄目ですね。彼も法律を勉強しすぎているんです。

トクマ　ああ……。

大川隆法　あれでは駄目なんですよ。

トクマ　では、僕がやります（会場笑）。

大川隆法　特に東大は駄目ですよ。東大法学部出身者は法律の勉強をしすぎているから駄目なんです。もう少しいい加減なところだと、忘れているからいいんですよね。

トクマ　だから、青学《あおがく》がちょうどいいんですよ。

大川隆法　青学なんか、卒業したらすぐ忘れるから（会場笑）。早稲田《わせだ》でもけっこうそうです。「早稲田の法学部を出ている」という当会の幹部でも、法律の話がまったく出てこないんです。みな忘れていて、ほとんど覚えていないみたいです。だから、あなたの歌を聴《き》いて勉強しているんですよ。

トクマ　ああ、そうですか。

大川隆法　「憲法九条とは、本当はそうなのか」と言って、勉強しています（会場笑）。

トクマ　それなら、全員、僕のＣＤを買わなきゃ駄目ですよ。

大川隆法　そうしないと駄目ですね。

もう少し、無茶をやらないといけません。特に、当会は新しい方面に関しては、まだチャレンジャーですからね。新宗教のなかでは横綱《よこづな》級になってきつつありますが、政治や学校など、新しい分野についてはチャレンジャーなので、やはり、挑発《ちょうはつ》し、刺激《しげき》していかないといけません。

トクマ　飛び込まなければ駄目ですよね。

大川隆法　いかんですね。

トクマ　みんな、上陸しなきゃ駄目だと思うんです、それぞれの〝魚釣島《うおつりしま》〟に――。

大川隆法　そうですね。

4 ENDLESS LOVE FOR TOKYO《エンドレス ラブ フォー トーキョー》（東京、わが愛）

歌うときにサングラスをする理由とは

司会　意気投合したところで、次の話題に移りたいと思いますが、昨日、大川総裁から頂いた歌詞に、さっそく、トクマさんが曲をつくって……。

大川隆法　できた？

トクマ　先生、僕は昨日、眠《ねむ》れ……。

大川隆法　眠れなかった？

トクマ　はい。

大川隆法　そうかなと思ったんです。

トクマ　もう、興奮しちゃって。

大川隆法　それで、目が腫《は》れているから、サングラスをかけているわけですね。

トクマ　そうなんです（会場笑）。目が真っ赤なんですよ。

大川隆法　腫れ上がっているんだ（笑）。

トクマ　本当に失礼なんですけども。

大川隆法　いや、「私が歌詞に曲を付けようか」とも思ったけど、トクマさんは、全部、自分で歌いたいだろうなあと思ったから、曲は付けなかったんです。それで、歌詞だけにしたんですよ。きっと、独特の歌い方をしたがるだろうなあと思って。

トクマ　実は、僕は、歌うときに白目を剝《む》いちゃうんですよ。

大川隆法　ああ、白目ね。

トクマ　それが、すごくかっこ悪いんですよ。

大川隆法　そう?

トクマ　だから、歌うときにサングラスをしていることが多いんです。

大川隆法　白目でもいいじゃない。失神しているみたいで、いいじゃないですか。

トクマ　そうなんですよね（会場笑）。失神しているみたいに……。

大川隆法　（笑）

英語版の歌詞は、エルビス・プレスリーの霊示《れいじ》で書いた

司会　それでは、歌のほうに行きましょうか。

大川隆法　ああ、そうですか。

司会　大川総裁からプレゼントいただいた歌詞に、トクマさんが曲を付けましたので。

大川隆法　ああ、それは、うれしいですね。

トクマ　先生、この曲はハートに来ましたよ。

大川隆法　そうですか。これは、「トクマさん用」に書いた曲だからね。

司会　この歌詞は、東京がテーマになっていますが……。

大川隆法　まあ、別に「ジャパン」に変えても構わないんですが（笑）、いちおう、「東京」にしました。

司会　どのような思いを込《こ》めて、トクマさんに託《たく》されたのでしょうか。

大川隆法　まあ、彼と同じように、「信者の心をつかみ、信者ではない人の心もつかみたい」という気持ちというか、神様がたからのご援助《えんじょ》も受けるつもりで書いたということですね。

司会　ありがとうございます。

タイトルは、「ENDLESS《エンドレス》 LOVE《ラブ》 FOR《フォー》 TOKYO《トーキョー》」（「東京、わが愛」）です。

トクマ　英語版の歌詞は、エルビス・プレスリーの霊示《れいじ》ですか。

大川隆法　私はね、作詞のときに、もう何も考えないんですよ。これは、英語と日本語訳とを、二つ合わせて三十分以内に書いていますが、もう、手が勝手に動くんです。「エルビスさん、ひとつ、頼《たの》むぜ！」っていう感じで頼むと、二、三秒したら、手が動き始めるんですね。

トクマ　うわぁ、すごいですねえ。

大川隆法　もちろん、私の頭のなかにある英語を使っているとは思いますけどね。「ENDLESS LOVE FOR TOKYO《エンドレス ラブ フォー トーキョー》」を初披露《はつひろう》！

トクマ　（ギターを鳴らす）ちょっと待ってくださいね。まだ、完全に覚えていないんですよ。でも、大丈夫《だいじょうぶ》ですから、任せてください。

大川隆法　もし歌えなかったら、私が歌いますから（会場笑）。

トクマ　はい。

（ギターを弾《ひ》きながら、「ENDLESS《エンドレス》 LOVE《ラブ》 FOR《フォー》 TOKYO《トーキョー》」を歌う）

きっと信じられないだろう、知っているよ、今も。
けどね!!　東京こそが世界の中心なのさ、今でも。
見るがいい この愛を。感じてよ この力を。
Look《ルック》 At《アット》 This《ディス》 Faith《フェイス》. Feel《フィール》 This《ディス》 Power《パワー》.
感じてよ このエナジーを！
君はきっと 未来の繁栄《はんえい》を信じるさ、きっと。
神様、丸ごと信じれたら、そこが愛の中心。

僕たちは、智慧《ちえ》の泉 いつも光の中にいる！
神様はこんなにも、僕らを愛している！
Oh God. 僕らに力を 下さい！
Oh God. 僕らを 悪より お護《まも》り下さい！

僕らに 未来への力を お授《さず》け下さい！
信じる者たちよ！ 強くあれ!!
なぜかって、僕たちは アナタの子供だから、それが真実、理由さ、
僕たちが 東京に ぞっこんほれてるのも
ここが世界の中心だから わかるだろう!!
Oh God. 僕らに力を 下さい！
Oh God. 僕らを 悪より お護り下さい！
Oh God. Oh God.

（会場拍手《はくしゅ》）

司会　大川総裁、いかがでしょうか。

大川隆法　まあ、いけるんじゃないですか。

トクマ　まだちょっと、練習不足なんですよ。

大川隆法　いやいや。トクマさんらしさが出ているし、言いたいことは、そのときどきで変わるんでしょう？　どうせ、歌詞は、場所によって変わるんじゃないですか。場所によって、そのときに言いたいことが歌詞に入ったりするんでしょう？

トクマ　場所によって、例えば、「東京」を「茨城《いばらき》」に変えたり（会場笑）。

大川隆法　名古屋とか、長野とかになったりするのかもしれないけれど。

トクマ　歌のほうは、今のような感じで大丈夫でしょうか。

大川隆法　いけるんじゃないですか。全体的には、いいのではないでしょうか。

トクマ　ありがとうございます。

大川隆法　十分にいけると思いますよ。

5　映画「仏陀再誕《ぶっださいたん》」挿入歌《そうにゅうか》の秘話

中学二年で音楽を始め、大学から洋楽に入っていった

司会　今、会場からも、自然に手拍子《てびょうし》が来ましたし、いつものストレートでピュアなところも見え隠《かく》れしていたと思います。

私は、トクマさんを見ていて感じることがあるのですが、トクマさんの音楽のなかには、必ず信仰《しんこう》の部分が入っていると思うんです。それが隠し味になっているときもあれば、「憲法九条改正」を歌ってみたり……。

大川隆法　（笑）おかしいねえ。

司会　「増税反対！」と、ストレートにぶつけられることがあったりします。

そこで、そのあたりの源流について、トクマさんに迫《せま》ってみたいのですが、音楽を始めたのは大学時代からですか。

トクマ　いえ。

大川隆法　高校ぐらいからやっていたんじゃないの？

トクマ　中学二年生ぐらいからです。

大川隆法　そうですよねえ。エスカレーター校だったらやりますよね。

トクマ　はい。文化祭で始めたんですよね。

司会　ああ、なるほど。ロックを選んだのには、何か理由があるのですか。

トクマ　僕は、昔、ピンクレディーが好きだったんですよ（会場笑）。

大川隆法　（笑）私も好きでしたよ。

トクマ　あ、そうですか！　彼女たちは、とても情熱的に歌うじゃないですか。

大川隆法　うん。

トクマ　それから、西城秀樹《さいじょうひでき》さんが好きで……。

大川隆法　ああ、なるほど。

トクマ　そのあとは、世良公則《せらまさのり》さんだったんですが、青学《あおがく》に入りましたら、みんな、聴《き》いているのが洋楽だったんですよ。

大川隆法　ああ。

トクマ　それで、ディープ・パープルを聴いたときは、もうショックで、びっくりしてしまったんです。「世界のレベルはこんなに高いのか」と。
それから、僕は洋楽のほうに入っていったんですよ。

大川隆法　ふーん。

トクマ　確か、釈《しゃく》さん（釈量子《りょうこ》・幸福実現党女性局長）もそうだと思います。

大川隆法　え？　釈さんも洋楽なの？　邦楽《ほうがく》じゃないの？　國學院《こくがくいん》では、洋楽が許されていないんですよ（会場笑）。

トクマ　（笑）

大川隆法　國學院では、学校で尺八《しゃくはち》をやることになっているんです（笑）（会場笑）。

トクマ　そうなんですか（笑）。

「失恋《しつれん》の歌」が多いのは、それだけニーズがあるから

大川隆法　最近、ビートルズの全曲集で歌詞を勉強してみたんですけど、やたらと失恋《しつれん》の歌が多いですね。あなたも、ロックと言ったけど、失恋の歌がこんなに多いとは、ちょっとショックでしたねえ。

トクマ　ああ。

大川隆法　「ジョン・レノンたちは、こんなに失恋したのか」と思うぐらい、歌詞を見ると失恋ばかりしていますよね。

トクマ　そうですね。ちょっとさみしいです。

大川隆法　驚《おどろ》きですよね。

トクマ　でも、曲は明るいじゃないですか。

大川隆法　うん。そうそう。

トクマ　それが、いい具合に雰囲気《ふんいき》を醸《かも》し出しているのかもしれませんね。

大川隆法　うん。失恋の歌ばかりで、ああいうスターでも、そんなに失恋するものなんでしょうか。想像を絶しますね。

トクマ　たぶん、失恋の歌のニーズがあるんでしょうね。

大川隆法　ああ、聴きたい人のニーズが多いわけですね。

トクマ　それだけ、振《ふ》られている人が多いってことですよねえ（会場笑）。

大川隆法　そうなんでしょうね。

トクマ　男も女も。

大川隆法　そうですね。私だって、三十回ぐらいの経験を通り越《こ》して、それを（『青春詩集　愛のあとさき』に）書いていますからね。シーッ！　内緒《ないしょ》です（会場笑）。

トクマ　この本は、もう絶版ですね（笑）。

大川隆法　もう駄目《だめ》ですね（笑）。

トクマ　隠しましょう。

主要政策が網羅《もうら》されている政治の歌を「よくぞ歌ったり」

司会　トクマさんは、音楽のなかにそういうストレートなメッセージを込《こ》めておられて、それが、時に政治的であったりするわけですが、ご自分でも、政治色《しょく》が強いところがあると思われますか。

大川隆法　いや、でもね、政治の歌は、確かに、歌として見たら、一般《いっぱん》の人にそんなに受けるものではないかもしれないけど、やはり面白《おもしろ》いですよね。「よくぞ歌ったり」という感じはしますね。

トクマ　でも、家で歌の練習をすると、妻からは、「こういう曲は売れないから、お願いだから、もうやめてください」って言われます（会場笑）。

大川隆法　歌っていて舌を噛《か》まないですか。大丈夫《だいじょうぶ》？

トクマ　大丈夫でした。ギリギリ。

大川隆法　（笑）いやあ、いい勉強になりますよ。何分かの間《あいだ》に、主要政策が、全部、コンパクトに網羅《もうら》されているので、あれはいいですね。

映画「仏陀再誕《ぶっださいたん》」の主題歌は「Love Fight《ラブファイト》」でもよかった？

大川隆法　あれは三年前になるかなあ。衆院選があったときに、「Love Fight《ラブファイト》」という曲をトクマさんが歌ってくれましたよね。

あの曲は、映画「仏陀再誕《ぶっださいたん》」用につくった曲なんですが、私の長男（大川宏洋《おおかわひろし》）が映画の制作にだいぶタッチしていて、「親父《おやじ》のつくった歌詞の歌は、あまり長くは出したくない」と思ったのかもね。私は、あの曲が好きだったんですが。

トクマ　僕も大好きです。

大川隆法　私も大好きなんですよ。だけど、出来上がった映画を観《み》たら、音楽を流せるところがあまりないので、チョロッとだけで切られていたんです。あれは、なんか、ちょっと意地悪《いじわる》でしたねえ。

トクマ　一・五秒だけでした（会場笑）。

大川隆法　そうなんだよ。

トクマ　僕は、それを「永遠の一瞬《いっしゅん》」って言ってます（会場笑）。

大川隆法　あの曲は自信があったんですよ。

トクマ　あれは主題歌のようなものですからね。

大川隆法　ウ・ソンミンの歌った曲（「悟《さと》りにチャレンジ」）のほうが主題歌になったけど、あれが主題歌でもよかったんです。

カラオケに行くと、ウ・ソンミンの曲より遅《おそ》い曲は、まずないんですよ。私は、一回、歌ったことがあるんだけどね（会場笑）。それで、ウ・ソンミンの「仏陀再誕」の歌が出てきて聴いたら、えらく遅いので、ちょっとショックを受けた覚えがあります。

「Love Fight」は、主題歌で使ってもいいぐらいの曲ではあったので、一・五秒に切られてしまったのは、私だって不本意だったんです。トクマさんの歌う「Love Fight」を、もう一回、最後まで聴いてみたんだけど、やはり最高にいいと思いました。

トクマ　いや、本当に最高ですよ。一番いいと思います。

大川隆法　最高ですよ、やっぱり（会場拍手《はくしゅ》）。

トクマ　僕は、今でも歌わせてもらっています。

大川隆法　あの曲は、ノリもいいし、内容もいいですよねえ。

四十二歳《さい》のときに「Love《ラブ》 Fight《ファイト》」を歌い、若返ったトクマ

司会　この「Love《ラブ》 Fight《ファイト》」が、トクマさんにとって、ある意味で転機だったそうですが。

トクマ　僕がこの曲を歌ったのは、四十二歳《さい》のときなんですよ。

大川隆法　ああ、そうですか。

トクマ　でも、歌詞の内容は、キャラクター設定では大学生だったでしょう?

大川隆法　うん。

トクマ　僕にとっては、ちょっと恥《は》ずかしかったんです。

大川隆法　なるほど。

トクマ　ただ、ある意味、それで若返ったんですよ。

大川隆法　ああ。若返ったんですか。

トクマ　目覚めちゃったんですよね。

大川隆法　あの曲は、すごくエネルギッシュで、みんな、やる気が出てよかったですよね。

「仏陀再誕」では何曲かあるけど、トクマさんの曲は、すごく明るくて、何て言うか、力をくれるような感じですね。

トクマ　はい。

大川隆法　あれは、いいですねえ。あれには、勉強の成果というか、修行《しゅぎょう》の成果が入っていますよね。

トクマ　ありがとうございます。

大川隆法　私は、あの曲が好きなんです。だから、一・五秒だけというので、製作総指揮者である私は怒《おこ》りましたよ（笑）。

トクマ　（笑）（会場笑）

大川隆法　だけど、映画の完成版を見たとき、「もう手を加える余地はありません」と言われてしまったのでね。

トクマ　それじゃあ、「仏陀再誕」のリニューアル版をつくりましょうよ（会場笑）。

大川隆法　「Love Fight」を主題歌に変えてね。

「Love《ラブ》 Fight《ファイト》」の作詞に関する霊的な秘密

大川隆法　あなたが聞いているかどうかは知らないけど、あの曲には、実は、秘密があるんですよ。「ロック系に近い曲をつくらなければいけない」ということだったんだけれども、私がつくれる曲には、しっとりしたものがわりに多くて、ロック系の曲は、あまりつくれないんです。

それで、あのとき、映画の企画者《きかくしゃ》（大川宏洋）は、B'z（ビーズ）に凝《こ》っていたんですよ。

トクマ　ほおぉ。

大川隆法　彼は、夏から冬にかけて、B'zを半年間追いかけていたんです。「何とかして、B'zに主題歌をつくってもらおう」として追いかけていたんですが、私は、「B'zのおっさんのどこがいいんだ?」と言っていたんですね。

それで、B'zで歌詞を書くほうの人がいますよね。名前は何て言いました?

トクマ　稲葉《いなば》さん。

大川隆法　あの「Love Fight《ラブファイト》」は、実は、その稲葉さんの守護霊《しゅごれい》を私に入れて歌詞を書いたものなんです。

トクマ　それは衝撃《しょうげき》の事実ですよ、先生。

大川隆法　そうなんですよ。稲葉さんには、無料で書いてもらって、まことに申し訳ないと思います（会場笑）。一円も払《はら》っていないので、まことに申し訳ない。

実は、B'zの近くに、当会のかなり熱心な信者がいたので、そこを経由して交渉《こうしょう》していたんです。向こうからも、サイン入りのCDをくれたりとかはしていたんですが、彼らも全盛期だから、事務所のほうが、「変なことでケチをつけられたくない」と考えて、ちょっとブロックしている感じでした。

私は、「これは、たぶん無理だろうな」と読んでいたので、「もう、稲葉さんの守護霊を呼んで書いてもらったらいいじゃないか」と言って、歌詞を書き、曲も、いちおう私が歌って、デモテープを録《と》ったんですよ。

だから、B'zから、無料で援助《えんじょ》を頂いたんです。もちろん、曲の内容は当会のものにはなっていますけれどもね。

トクマ　はい。

大川隆法　「B'zが、当会風にやるとどうなるか」ということで、やってみたわけですよ。だから、あれはB'zの曲なんです。

いちおう、B'zの全アルバムを聴いて、歌詞を読んだ上で書きましたけどね。実は、稲葉さんの守護霊が、作詞に参加してくださっているものなんです。

「ロックは波動が悪い」と言わないことにした理由

トクマ　でも、先生は、以前、「ロックは波動が悪い」とか、おっしゃっていましたよね。

大川隆法　昔はそう言っていたんだけど、最近は、ロック系の仕事をしている信者も増えてきたので、もう言わないことにしているんです。

トクマ　（笑）（会場笑）

大川隆法　最近は、信者にもいろいろな人がいますからね。

もともと、私はクラシックをよく聴いていたほうなんですが、クラシックの古典的なものは、どう見ても天国的なものが多いし、「世界で二百年も聴かれ続ける」というのは、ちょっと信じられませんよね。

日本で言えば、江戸《えど》時代です。「元禄《げんろく》時代のころの曲が、いまだに通用する」などというのは、ちょっと考えられないことです。

トクマ　でも、「Love Fight」は、きっと、それ以上行きますよ。

大川隆法　そうですね。行くかもしれませんね。

だから、あの曲は、B'zがつくったとしても、たぶん、最高の曲になるぐらいのものだったはずですね。

トクマ　僕も、なんか、年々よくなってくるんですよね。

曲のイメージは、インスピレーションによって「一瞬《いっしゅん》」で浮《う》かぶ

大川隆法　ああ、そうですか。

トクマ　力がどんどん抜《ぬ》けてきて、だんだん歌いやすくなってきているんです。

大川隆法　体質が、だんだんインスピレーショナブルになってくると、天上界《てんじょうかい》からのインスピレーションを引いてこられるんですよね。私なんか、自分が歌手でないのが本当に残念なぐらいです。

歌手だったら、もう何でも、天上界からのインスピレーションを引いてこられますし、作曲家だったら、バッハだろうが、ヘンデルだろうが、モーツァルトだろうが、何だろうと引けるんですけども、もうひとつ訓練を怠《おこた》ったために、十分できずにいます。

音楽学校にでも行っていればよかったんですが、ちょっと惜《お》しいことをしました。残念です。

そのため、今、作曲家の水澤有一《みずさわゆういち》さんには、ちょっと苦労をかけています。私の下手なデモテープを聴いて、編曲をしなければいけないのでね。

トクマ　やはり、先生が、ご自身でテープに入れられるんですか。

大川隆法　ええ。歌っているんです。いちおう、原曲を書いたあと、一発で歌って、「こんな感じです」と言って水澤さんにお渡《わた》ししているんですよ。〝オタマジャクシ〟が書けるほどの才能はないんですけどね。

トクマ　いや、バンドをやっている人でも楽譜《がくふ》は読めないんですよ。

大川隆法　え？　そうなんですか。

トクマ　はい（会場笑）。

大川隆法　それで、サングラスをかけてるの？

トクマ　そうなんですよ（会場笑）。

読めないから、楽譜が見えても意味がないんですよね。

大川隆法　読めなくてもいいの？　ああ、そうですか。

司会　ミュージシャンには読めない人が多いですよね。

大川隆法　経済学部出身じゃ読めないかもしれないね。なるほど、そういうのもありですか。

私は、正式に〝オタマジャクシ〟の勉強を習っていないものだから、自信がなかったんです。ただ、正確には分からないんだけど、曲のイメージみたいなものは、もう一瞬《いっしゅん》で、全曲、浮《う》かぶんですよね。イメージがパッと浮かんでくるんです。

政治的メッセージを含《ふく》んだ曲こそ、まさに「ザ・ロック」

トクマ　僕も、今日、この曲（「ENDLESS LOVE FOR TOKYO《エンドレスラブフォートーキョー》」）は、けっこうスムーズにできたんですよ。

大川隆法　ああ、そうですか。

トクマ　朝の四時ぐらいに。

大川隆法　朝？

トクマ　はい。もう眠《ねむ》れなくて、「ああだ、こうだ」とやっていたら、もう四時になっていて、「こうなったら、もう、つくっちゃえ！」みたいな感じで……。

大川隆法　ああ、それで、朝の調子が悪かったのかな（会場笑）。なんか、明け方から、「重いなあ」と思ったんですけどね。

トクマ　それは失礼しました。

司会　音楽談義に花が咲《さ》いていますが、憲法九条改正をテーマにした「I LOVE《アイラブ》 ZIPANG《ジパング》」は、トクマさんを代表するような曲ですけれども、大川総裁も、この曲には印象がお強いのではないかと思います。

大川隆法　あれも面白い曲ですよ。よく歌うよね。でも、ロックっぽいと言えばロックっぽいですよね。

トクマ　これがまさに、「ザ・ロック」ですよ。

大川隆法　そうですよね。

私も、初期のころには、「ロックは天国的ではない」と言ったことがありますし、「デモ活動なども波動が悪い」と言っていたんですよ。「デモは、波動が悪く、阿修《あしゅ》羅霊《られい》や、いろいろな悪霊が、よく寄ってくるから気をつけなければいけない」とか、「デモをやっている団体のなかに、そういう悪霊が、よく憑《つ》いている」とか、一九八〇年代ごろの教えでは言っていたんですが、自分たちがデモをし始めてからはピタッと言わなくなりました（笑）（会場笑）。

司会　メッセージを伝えるための表現には、本当にさまざまなかたちがあるのだということが分かります。

大川隆法　そうそう。

6　映画「ロッキー」に学ぶ、根性《こんじょう》・気迫《きはく》・勇気・胆力《たんりょく》

何でも「一番」が好きな性格

司会　トクマさんの音楽のなかには、ご自分の信仰《しんこう》なども入っていると思いますが、『Love《ラブ》 Fight《ファイト》』が一つの転機だった」というのは、信仰に関して、「何か心境が上がった」というような意味があるのでしょうか。

そもそも、信仰に出合ったのは、いつだったのでしょうか。

トクマ　ああ、僕は、日本で初めての、大学を卒業したフリーターだと思うんですけど（会場笑）。

大川隆法　フリーター（笑）。

トクマ　はい。

司会　トクマさんは、何でも「一番」が好きなんですよね。

トクマ　一番が好きなんですよ。

大川隆法　ああ、一番が好きなの？　それは、いい性格ですよ。

トクマ　（笑）だから、「事業仕分け」で活躍《かつやく》した某《ぼう》女性政治家みたいに、「二番でいい」という考えは好きじゃないんですよ。

大川隆法　二番は駄目《だめ》なんだ。それはいいですね。

トクマ　ちなみに、彼女は、僕の後輩《こうはい》なんです。

大川隆法　後輩なの？

トクマ　そうなんですよ。

大川隆法　ああ、そうなの。

トクマ　それで、昨日の夜、思い出したんですけど、僕が彼女と共演している幻《まぼろし》の自主映画があるんですよ。

大川隆法　あらまあ（会場笑）。

トクマ　僕が主人公で、彼女が相手役なんです（会場笑）。

大川隆法　ほおぉ。

トクマ　日本の国会に対して、攻撃《こうげき》しちゃってるような映画なんですよ。

大川隆法　ああ、そう。

トクマ　大学時代につくったものなんですけど、そういう変わった映画があるんですけどね。

大川隆法　そちらの才能もあるんですね。

トクマ　いえ、才能があるというか、まあ、僕はデタラメなんです。

大川隆法　それは、いいことなんじゃないですか。

トクマ　（笑）

人間は、「外面とは正反対のもの」を内面に持っている

大川隆法　でも、内面には、違《ちが》うところがあるでしょう?　たぶんね。出たがりの人は、たいてい、その反対の部分を必ず持っていますからね。

トクマ　はい。

大川隆法　だから、けっこうグワーッと元気が出る人には、ものすごく傷つきやすいナイーブな部分があって、籠《こ》もりたがるところが必ずあるんですよ。絶対、そうなんですよね。

トクマ　籠もるのはけっこう好きです。やっぱり、曲をつくっているときは、もう、本当に「お籠《こも》り」状態ですからね。

大川隆法　そうでしょう。

トクマ　みんな、派手な部分しか見ていないんですよね。

大川隆法　私も、昔から、けっこう出たがりというか、「ものすごい上昇志向《じょうしょうしこう》で上に上がりたがるタイプ」に見られていました。

私自身、個人的には、けっこう、お籠りをして、静かに考えているタイプのつもりでいたんですが、他の人の見ている目は違っていて、学生時代でも、「政治家になるとしたら、あいつしかいない」などと言われていたんです。

でも、私のほうは、「そんなはずはないのになあ」というような感じの自己イメージでしたね。

みんな、矛盾《むじゅん》した部分を持っているんですよ。

トクマ　「正反対なもの」が自分のなかにありますからね。

大川隆法　うん。だから、あなたは、元気よくパーッと歌っているけど、けっこう傷ついてシュンとすることもあるんだろうと思います。きっと、奥様はご苦労なさっているのではないでしょうか。

トクマ　（笑）いやあ、そうですねえ。

日本人一億二千五百万人中、尖閣に上陸したのは二人だけ

司会　そのあたりは、ちょっと、恥《は》ずかしくて触《ふ》れられたくない部分でしょうか。

トクマ　でも、尖閣に行って帰ってきてからは、妻から尊敬されちゃいました。

大川隆法　本当に？　「片足がなくなっていてもよかったのに……」とか、言われませんでしたか（笑）。

トクマ　そうですねえ。「撃《う》たれたりしたほうが、もっと話題になるから、よかっ

たんじゃないの？」とか（会場笑）。

大川隆法　そうですね。何か、ちょっとあったほうがよかったかもしれませんね。

トクマ　サメに食べられたりとか……。

大川隆法　映画の撮影隊《さつえいたい》を連れていかなければいけなかったかもしれないけどね。

いやあ、でも、日本に一億二千五百万人もいて、尖閣に上陸したのは、今のところ二人しかいないんだから、大したものですよ。これを利用しない手はないですよね。日本の国体を変えるために、これは徹底的《てってい》に使うべきです。

もし右翼《うよく》が文句を言ってきたら、「君たち、尖閣に上陸してから言いなさい！」と言ったらいいわけです。

「サメの海を泳いで渡《わた》り、日の丸の旗を立ててから、私に文句を言うなら言いなさい！」と言えば、「恐《おそ》れ入りました」という感じになるでしょうなあ。

トクマ　分かりました。

大川隆法　やはり、人生には勝負時がありますからね。やらなければいけないときがありますよ。

私は、講演を、もう千八百回ぐらいやっていますが、スピーチ原稿《げんこう》も含《ふく》めて、筋書や内容を考えて演壇《えんだん》に立ったことは一度もないんですよ。いつも題しかありません。壇上に立って、会場を見てから、「何を話すか」を決めるんです。

最後は、映画「ロッキー」の気分で飛び込《こ》んでいけ！

トクマ　僕は、先生のハワイでの御説法《ごせっぽう》のときの話が、すごく印象に残っているんです。「ロッキー」のテーマ曲を三十分聴《き》いて……。

大川隆法　ああ……。

トクマ　その話を聴いて、「先生は、飛び込《こ》んだんだなあ」と思いました。あれが、けっこうヒントになっているんですよ。

大川隆法　ロッキーですよ。もう、本当に最後はロッキーの気分ですよ。

トクマ　ロッキーですよね。

大川隆法　私は、ロッキーの曲を、海外には、いつも持って歩いているんです。

トクマ　そうなんですか。

大川隆法　うん。私がのびたら、秘書が、あの映画と音楽をかけまくるんです（会場笑）。

トクマ　（笑）

大川隆法　最近、「ロッキー・ザ・ファイナル」を観《み》たら、もう引退したおじさんが、もう一回、立ち上がるまでを描《えが》いていました。「最後に、もう一回、息子《むすこ》にいいところを見せなければいけない」っていうことでね。だけど、小沢一郎《おざわいちろう》さんも、演壇に上がる前にあの曲を使っているとかいう話を聴いて（笑）、ちょっと、どうしようかと思ったことはありますけどね。

トクマ　ああ、そうなんですか。

大川隆法　でも、最後は、根性《こんじょう》ですよ。根性だし、気迫《きはく》だし、勇気だし、胆力《たんりょく》ですよね。

7 「軍事的要衝《ようしょう》の地」である尖閣諸島

スイミングやサーフィンの経験が生きた今回の尖閣上陸

トクマ　ただ、今回の僕の行動については、「蛮勇《ばんゆう》」って言われたところもけっこうあったんですよ。

大川隆法　うーん。

トクマ　ですが、考えてみると、その前に、毎週、スイミングをやっていたんですよね。

大川隆法　ああ。泳いでいたの？

トクマ　ジムに通っていたんです。

大川隆法　うーん。

トクマ　それに、僕は、サーフィンを十五年間やっていたんですよ。

大川隆法　十五年も？

トクマ　だから、潮の流れとかは、全部分かるんですよね。

大川隆法　ああ……。

トクマ　矢内《やない》さんは、海に飛び込《こ》まなくてよかったと思います（会場笑）。矢内さんだったら、おそらく潮に流されていましたね（矢内筆勝《ひっしょう》・幸福実現党出版局長。魚釣島《うおつりしま》まで五キロの海上で、「習近平《しゅうきんぺい》、並びに中国共産党幹部に告《つ》ぐ」「中国の民《たみ》に告ぐ」という二つの告知文を読み上げた。『国防アイアンマン対決』〔幸福実現党刊〕参照）。

大川隆法　矢内さんは、食べがいがあるでしょうなあ（会場笑）。もう、サメのいい餌《えさ》になっていたでしょう。

トクマ　僕には、そういう役割があったんでしょうね。

大川隆法　サメだって、おいしそうか、おいしそうでないかぐらい、ちょっとは考えるでしょう（笑）。

体調維持《いじ》に神経質なほど気を使うミュージシャンたち

大川隆法　でも、ミュージシャンをやっていると、かなり体力が要《い》るんじゃないですか。

トクマ　そうですね。

大川隆法　以前、長渕剛《ながぶちつよし》か誰《だれ》かが言っていたんですけど、「一回のコンサートの間に、五キロぐらい走り回っている」ということですので、ものすごく体力が要るんじゃないですか。

トクマ　そうですね。ロックミュージシャンというのは、一般《いっぱん》に、不摂生《ふせっせい》をしているようなイメージがありますよね。

大川隆法　うん。

トクマ　実際は、もう全然違《ちが》いますよ。血液をきれいにする薬を入れたりとか……。

大川隆法　ああ、なるほどね。

トクマ　あとは走ったりしていますよ。タバコなんか吸わないですからね。

大川隆法　けっこう神経質なところがありますよね。

トクマ　そうです。

大川隆法　以前、B'zについてのテレビ番組も観《み》たことがあるのですが、彼らも、冬場は隙間風《すきまかぜ》が入るので、控室《ひかえしつ》のドアの隙間にガムテープを貼《は》って、風が入らないようにして閉じこもっていました。

そういう、とても神経質な姿を見て、「ちょっと私と似ているなあ。やはり、こんなものなんだなあ」と思ったんです。私も、湿度《しつど》とか、隙間風とか、温度とか、そのへんの調整にはものすごく気を使っています。「一年中、働ける状態を保つ」というのは、そんなに簡単ではないんですよね。

トクマ　うーん。

潮に流されそうになりながら、何とか島に辿《たど》り着く

大川隆法　だから、そういう蛮勇を振《ふ》るう部分と、繊細《せんさい》な部分と、両方がありますよね。

トクマ　やっぱり、準備がないと怖《こわ》いですよ。

大川隆法　そうですよね。

トクマ　そのへんの体力的な自信もあったんだと思います。

大川隆法　そうでしょうね。

トクマ　「何とか、島に辿《たど》り着ければ」という気持ちだったんですが、海に飛び込んだら、意外に潮の流れが強かったので驚《おどろ》きました。何ていうか、「海阪ルームランナー」のような感じなんですよ。

大川隆法　ああ。

トクマ　要するに、泳いでも泳いでも、景色が変わらないんです。ずーっと同じ所を泳いでいる感じなんですよ。そうすると、もうパニック状態ですよね。

僕は、二回ぐらい溺《おぼ》れたことがあるんですが、力が入ってしまうと、どんどん体力を消耗《しょうもう》して、そのまま潮に流されて、バクッとやられてしまうらしいんです。

大川隆法　ああ、なるほど。

トクマ　そのときに、僕は、もう開き直って、「死んだ、死んだ、死んだ～」とか言って、歌を歌いながら泳いでいったんです。

そうすると、力が抜《ぬ》けて、その後、ちょっとずつ、一ミリずつ前に進んでいったんですよ。

最後は、波にドーンと押《お》され、岩にピタッと張りついて、上陸することができました。

大川隆法　確かに、海では、泳いでいてもなかなか進まない感じがありますよね。

トクマ　はい。この前、自分の泳いでいる映像を観たんですが、「若返り祈願《きがん》」を受けたおかげで、確かに、動きは十五歳《さい》のような泳ぎなんですけれども……。

大川隆法　十五歳？（苦笑）うーん……。いや、まあ、いいでしょう。

トクマ　動きはそうなんですけど、全然、進まないんですよ。そのときに、一瞬《いっしゅん》、やはり怖かったですね。

大川隆法　うーん。

トクマ　乗ってきた漁船は、沖《おき》のほうに逃《に》げちゃったんですよ。

大川隆法　逃げた？

トクマ　はい。三人で行っていて、残りの一人も飛び込もうとしていたからです。

大川隆法　なるほど。

トクマ　だから、もう、泳ぎ切って上陸するしかなかったんです。でも、必死になりすぎると、逆に危ないんですよね。

魚釣島《うおつりしま》には「砲台《ほうだい》」や「ヘリポート」をつくれそうか

大川隆法　上陸してみて、どんな感じでしたか。島はどのくらいの大きさに見えました？

トクマ　「島」がですか。

大川隆法　うん。上がってみて、どのくらいの大きさに感じましたか。

トクマ　うーん……。けっこう山が高くて、砂浜《すなはま》はないんですけれども、江ノ島《えのしま》を半分にしたような……。

大川隆法　江ノ島を半分にしたような感じですか。

トクマ　まあ、そんな感じの海岸でした。

大川隆法　そうですか。

トクマ　でも、ほとんど岩ばかりなんですよ。

大川隆法　ああ……。

トクマ　ペットボトルなどの漂流物《ひょうりゅうぶつ》が多かったのは意外でした。

僕もちょっと焦《あせ》っていたので、どこのメーカーのものかを見なかったのは、ちょっと失敗でしたね。どこの国のものかは分からなかったんですよ。

大川隆法　砲台《ほうだい》などをつくれそうな場所はありましたか。

トクマ　はい？　灯台ですか。

大川隆法　砲台です！

トクマ　ああ、砲台（笑）。

大川隆法　それも下見しなければいけませんよ。竹島《たけしま》なんかは、ちゃんと砲台が付いているんです。

トクマ　そうですよね。

大川隆法　竹島には、四百平方メートルのヘリポートが付いているんです。だから、魚釣島《うおつりしま》に、ヘリポートがつくれるか、砲台がつくれるか、灯台がつくれるか、何がつくれるかということを、やはり、直感的にイメージしないといけません。

トクマ　魚釣島にヘリポートをつくるのは、ちょっと難しいですね。

大川隆法　難しいですか。

トクマ　はい。

台湾《たいわん》を取るため、尖閣に「ミサイル発射台」をつくりたい習近平《しゅうきんぺい》

大川隆法　しかし、習近平《しゅうきんぺい》は、つくる気でいるらしいですよ。

トクマ　それじゃあ、きっと山をカットするんですね。

大川隆法　ミサイル発射台をつくる気でいるらしいんです。あそこから、台湾《たいわん》に撃《う》ち込むつもりで。

トクマ　魚釣島からですか。

大川隆法　うん。

トクマ　うーん。

大川隆法　魚釣島を含《ふく》めて、尖閣諸島に撃ち込むミサイル発射台は、すでにできているんですよ。要するに、中国側の海岸から尖閣のほうに向かって撃つミサイルは、もう準備が終わっているんです。

軍事衝突《しょうとつ》が起きたら、尖閣諸島の周りに日本の自衛隊が出てくるでしょう？　その日本の自衛隊を攻撃《こうげき》するためのミサイル発射台は、中国側にもう完成しているんです。

尖閣を占領《せんりょう》したら、次は、そこに砲台もつくるとは思いますが、ミサイル発射台もつくるはずです。ミサイル発射台をつくったら、そこからも台湾にミサイルを撃ち込める状態になります。

私が中国の国家主席だったら、石垣島《いしがきじま》も取ります。尖閣を取って、日本人が大パニックになったところで、次は、すぐに石垣島を取りに行きますね。そして、海南《かいなん》島《とう》のほうと、石垣島のほうと、この両方から台湾を挟《はさ》み撃ちにしていきます。まあ、そういうことを考えるだろうと思いますね。あそこは、台湾を挟み撃ちにできる所なので、軍事的には「要衝《ようしょう》の地」なんですよ。
あそこを取られたら、日本側の動きが、かなり封《ふう》じられるんです。アメリカも同じです。あそこが中国領ということになれば、あの周辺一帯には行けなくなりますからね。だから、彼らから見れば、台湾や沖縄《おきなわ》を取るためには、あのあたりは取らなければいけない地なんです。

尖閣諸島の周辺には海底資源や魚が豊富

トクマ　「海底資源が欲《ほ》しい」ということもありますよね。

大川隆法　資源もあることはありますが、採掘《さいくつ》には費用もかなりかかります。
でも、資源に関して言えば、尖閣の近くの境界線付近にあるガス田を、日中が共同で開発する約束になっていたんですが、中国だけで、櫓《やぐら》を組んで掘《ほ》りまくっていますからね。そのへんは、まったく信用できない国です。

トクマ　そうですね。

大川隆法　日中が共同開発をするはずだったのに、日本がまったく知らないうちに勝手に掘っていますからね。

トクマ　そういうところがあるので、やはり、手を組めないです。

大川隆法　やはり、ガツンとやらなければいけないですね。サメの尻尾《しっぽ》を持って、グイッと振り回して、ガーンとやるようにね。

トクマ　あのへんにサメがたくさんいる理由は、魚も豊富だからなんです。

大川隆法　魚がいるんですか。だけど、油代がかかるから、中国の漁船があそこまで獲《と》りに行くのは、本当は大変なんですよ。

トクマ　そうなんです。割に合わないんです。

大川隆法　先般、中国は、「尖閣に漁船を千隻《せき》出す」とか最初は言っていたけれども、あのときに、「尖閣に向かう船には十万元《げん》（約百二十五万円）の補助金を出す」というようなことを言っていましたよね。燃料代を出してもらわないと行けないほど、かなり遠いんですよ。

魚も豊富でしたか。うーん。

今回の上陸で、映画「ジョーズ」のトラウマが治った？

トクマ　昔、あそこには鰹《かつお》の缶詰《かんづめ》工場があって……。

大川隆法　そうそう。

トクマ　船長さんが言っていたんですけど、鰹の一本釣《づ》りをするとき、鰹を釣り上げる前にサメにガバッと食べられてしまうこともあるそうです。モタモタしていると一瞬でやられるらしいですね。

大川隆法　なるほど。

トクマ　その船長は、「おまえ、そんな海に入って、よく泳いで行ったなあ」って言って、どんどん脅《おど》すわけですよ。僕は繊細なので、帰りの船のなかで、もう思い出しただけで怖くなりました（会場笑）。

大川隆法　（笑）次は、どこかからサメの剝製《はくせい》でも買ってきて、背中に背負うか、前に付けるかして歌うといいかもしれないですね。

トクマ　実は、僕が初めて見た映画が、「ジョーズ」だったんですよ（会場笑）。

大川隆法　あらら。

トクマ　それは小学校四年生のときでした。

大川隆法　あれは怖いねえ。

トクマ　もう、あれを見ちゃってから、お風呂《ふろ》もトイレも一人で入れないんですよ（会場笑）。なんか、いきなりお尻《しり》をガバッとやられるような気がして。お風呂でも、下からジョーズがガバッと来る感じがして、トラウマになっていたんです。

大川隆法　ジョーズがトラウマだったの？

トクマ　それで、今回の対談の題が、「ジョーズに勝った尖閣男」ですよね。だから、ちょっとトラウマが治ったような気がするんです（会場笑）。

大川隆法　あれは、比較《ひかく》的安くつくった映画だろうと思うんですが、ヒットしましたからね。あれで、かなり資金をつくったのではないかと思うんです。恐怖《きょうふ》を煽《あお》る音楽もよかったですよね。ジョーズが出てくるときの、タタタタタタッっていう音楽ね。

トクマ　いやあ、あれはすごかったです。低予算でも、アイデア次第《しだい》ですよね。

大川隆法　ええ。あの「ジョーズ」はヒットしましたから、「ジョーズに勝った尖閣男」でいいと思いますよ。「尖閣」と「ジョーズ」で、ちょっとサメについて言っておかないと、脅しが効かないですからね。

トクマ　はい。このことは上手（ジョーズ）に使いましょう（会場笑）。

司会　うまくまとまっていますけれども（笑）。日本を愛する愛国心というものが、情熱的な行動に変わったのだと思います。

8 「東京の未来」を考える

早くも都知事選に向けての「マニフェスト」を発表する

トクマ　それで、さっそく先生に（ペーパーを手渡《てわた》す）。まだ叩《たた》き台なんですけど……。

大川隆法　マニフェスト!?　早いですね。

司会　東京都のための「マニフェスト」をつくったそうです。

大川隆法　「人間グーグル」が何かアドバイスをしたんでしょうか。

トクマ　はい。〝影武者《かげむしゃ》〟となって（会場笑）。

大川隆法　（ペーパーを読みながら）まず「東京ルネッサンス計画」で、次は「東京マンハッタン計画」ですか。

マンハッタン計画は、原爆《げんばく》を落とす計画だけど（会場笑）。

トクマ　それはまずいですね。「人間グーグル」にも失敗はあるといったところでしょうか（笑）。

大川隆法　いやいや、「東京」が付いているからいいですよ。マンハッタン計画は、もともと日本に原爆を落とす計画のことですが、ネーミングはこれでもいいです。まあ、東京で原爆をつくったほうがいいぐらいかもしれませんけど（笑）。

要するに、ニューヨークのマンハッタンのような高層化を図《はか》るわけですね。それから、「地下ハイウェイ構想。五十年が経過し、老朽《ろうきゅう》化した首都高を地下に埋設《まいせつ》するとともに、地下を核《かく》シェルターとして活用する」と。

さらに、「首都防衛強化。ガンダム型のロボットに地対空誘導弾《ゆうどうだん》パトリオットを搭載《とうさい》し、首都圏《けん》を狙《ねら》う中国と北朝鮮《きたちょうせん》の核ミサイルから都民の生命と安全を守ります」と。東京は必ず狙われるので、何かしなければいけませんね。

「東京お掃除《そうじ》・美化計画」は、(トクマのホウキを指して)これでやるんですか。休みの日に、みんなでホウキを持って東京のお掃除をしてもいいですよ。「都民に携帯《けいたい》型のホウキを配布し、ゴミが落ちていればすぐに拾えるお掃除都市」を目指すわけですか。これは面白《おもしろ》い!

トクマ 先生、どれですか。

大川隆法　一、二、三、四、五。五番目かな。そういえば、タバコを捨てたら違反《いはん》になるのは、どこでしたでしょうか。東京でしたか。それとも神奈川《かながわ》だったかな？

司会　東京では、区によって、そういう条例があります。

大川隆法　区でやっているんですか。ふーん。「東京の防災対策」。これも必要でしょうね。

「羽田《はねだ》空港の二十四時間化」などの交通革命が急務

大川隆法　「交通革命」の「羽田《はねだ》空港の二十四時間化」は、やらなければいけないでしょう。この点では、日本は遅《おく》れていますよ。

トクマ　そうです。

大川隆法　朝から夜までしか動かず、夜中は、みんな休んでいますからね。外国に行ったことのある者から見ると、二十四時間化をやらないのは、恥《は》ずかしい感じがします。外国では、深夜でも大勢行き来をしていますよ。

現状では、外国から日本に来るときに、時間を選ばなければいけないので、非常に面倒《めんどう》くさいでしょうね。

トクマ　埋《う》め立てもまだできますから、羽田空港を、もっと拡張させてもいいと思います。

大川隆法　それから、「託児所《たくじしょ》を各駅に設置」。これも今テーマになっていますね。ちなみに、石原《いしはら》さんは、「横田《よこた》基地を民間の航空機にも使わせろ」と主張していましたが、そのまま放り出していくのでしょうか。
横田基地の実情については、私も見てはいませんが、米軍だけが使っているのは、かなり、もったいないのかな？

トクマ　そうですよね。

大川隆法　どうなんでしょうかね。
オスプレイで旅行してみたい気は、私にもありますけどね（会場笑）。なかなか快適そうじゃないですか。速いし、たくさん乗れるしね。「垂直に上がって、飛ぶ」というのも、かっこいいなあ。

トクマ　ヘリコプターの時代は終わりました。これからはオスプレイの時代です。

大川隆法　そうですね。オスプレイは、やはり進んでいますよ。回転翼《かいてんよく》が上に向いた状態で、垂直に上がり、徐々《じょじょ》に斜《なな》めになっていって真っ直ぐになり、バーッと飛んでいく姿は、かっこいいですね。あれは、なかなか、イケてますよ。

まあ、二回ぐらい落ちても、どうってことはありません。自動車事故は、いったい何回起きていると思っているんでしょうか。航空産業と合わせて、民間仕様のものも開発しなければいけないでしょう。

羽田空港の二十四時間化については、千葉県の知事が対抗《たいこう》してくると思います。向こうにとっては、すごく刺激《しげき》的ですからね。また、国際空港の地位も、成田《なりた》のほうに置いておきたいところでしょう。

しかし、成田は、不便と言えば、不便ですよね。例えば、鎌倉《かまくら》あたりに住んでいる人だと、成田に着いても、成田に一泊《いっぱく》してから自宅に帰ったりしています。やはり、中心部から少し遠いのは不便ですね。

まあ、でも、羽田と成田の両方が使えたら、悪いことはないですよ。

トクマ　羽田は、ホテルがあまりないんですよね。ホテルも多いほうがいいですよね。

大川隆法　まあ、ビジネスホテルのようなものはあるんですけどね。ところで、昔、西荻窪《にしおぎくぼ》に総合本部があったころ、私は、杉並《すぎなみ》や練馬《ねりま》のほうに住んでいたんです。それで、地方での行事は日曜日によく入るため、土曜日、飛行機に乗るために羽田へ向かうわけですが、土曜日の午後は道路がものすごく混むんです。特に、丸の内に入るあたりから混むんですね。

あるときには、片道三時間ぐらいかかり、大騒《おおさわ》ぎになったことがあります。九州の講演会のときに、飛行機に乗り損《そこ》ねたんです。それで、以後、ビジネスホテルに一泊するようになりました。

前日か何かに、秘書が羽田に行ってみて、「一時間半で着きましたから、大丈夫《だいじょうぶ》です」と言っていたんですが、予定どおりには着きませんでした。同じ曜日の同じ時間帯に行ってみなければ、実際の所要時間は分からなかったわけです。

確か、三時間から三時間半かかりました。飛行機に間に合うはずがありません。予約していたのが全部パーになり、新幹線で北九州まで向かったんです。

しかも、新幹線では、降りる駅を間違《まちが》えてしまいました。降りなければいけない駅のホームで、先に行っていた会員たちが、「先生、ここで降りてください」という感じのパフォーマンスを一生懸命《いっしょうけんめい》していました。そのときは意味が分からなくて、車内で、「何だろう？　何をしているんだろう？」と話していたんです（会場笑）。

当時は、携帯電話がなかったのでね。また、最終目的地が遠かったので、よく分からなかったんですよ。

駅のホームに〝変な人〟がたくさんいて、ハイヒールを脱《ぬ》いで、高く掲《かか》げて何か合図《あいず》をしているから、「おかしいな」と思ったんですけど、まあ、昔は、いろいろと不便でしたね。

少し脱線《だっせん》しましたが、交通革命はどうしても進めなければいけないでしょう。

トクマ　そうですね。

大川隆法　これは、航空産業と合わせて、やらなければいけません。

築地《つきじ》市場が移転すると「銀座《ぎんざ》の繁栄《はんえい》」が衰《おとろ》えるだろう

大川隆法　あと、東京都で言われているのは、築地《つきじ》市場の移転問題でしょうか。築地から移転するかしないか、まだ決まっていないのかな？「人間グーグル」、どうですか。

黒川　江東《こうとう》区の豊洲《とよす》へ移転する方向で進んでいます。

大川隆法　決まっているんですか。

黒川　ほぼ決まっています。

大川隆法　新しい場所は、どのくらいの広さですか。今の二倍ぐらいあるの？

黒川　面積までは分からないのですが。

大川隆法　人間グーグルにしては不正確だなあ（会場笑）。

以前、「候補地の土壌《どじょう》から、ダイオキシンが出た」ということで、問題になりましたよね。

黒川　はい。「土壌が汚染《おせん》されている」ということで、反対運動があります。

大川隆法　全部そこへ持っていくのでしょうか。

黒川　はい。

大川隆法　でも、築地市場がなくなると、銀座《ぎんざ》はさびれるでしょうね。それは間違いないと思います。

トクマ　そうですね。

大川隆法　あそこから魚が入るので、料亭《りょうてい》など、飲み食いするところが流行《はや》っているわけです。だから、ちょっと、さびれるでしょうね。

トクマ　築地は観光客も多いですからね。

大川隆法　移転しなければいけないのでしょうか。ああいうものは、交通の便の観点から考えると、一カ所にしなくてもいい気がするんですけど……。

黒川　確かに、築地は非常に便利な場所ですので……。

大川隆法　移転すると、「銀座の繁栄《はんえい》」が少し衰《おとろ》える可能性があります。あそこには水商売系もありますからね。客の流れが少し変わるでしょう。少し心配なところがあります。

トクマ　さびれてしまいます。

大川隆法　うん。さびれてしまいますよ。

トクマ　缶詰《かんづめ》工場！

大川隆法　ん？

トクマ　何でもないです（会場笑）。

大川隆法　何かつくりたいの？

トクマ　いえいえ。何でもないです。大丈夫です（会場笑）。

大川隆法　サメの缶詰でもつくりたいんですか（会場笑）。キャビアはいいですけどね。

9 政治家・トクマに期待すること

都知事に求められるのは「人の心をつかむ能力」と「PR能力」

司会　トクマさんは、さっそく「マニフェスト」なるものをつくり、そして、今、大川総裁より、いろいろなヒントを頂きました。

ここで、トクマさんから、都知事選などを含《ふく》め、ご自身の意気込《いきご》みを伺《うかが》えればと思います。

トクマ　そうですか。

大川隆法　いちおう元インテリなので、大丈夫《だいじょうぶ》だと信じています。トクマさんのつくった歌詞に、幸福実現党の政策がきちっと入っているところを見ると、「ほかのミュージシャンと一緒《いっしょ》にしてくれるな。自分は違《ちが》うんだ。硬派《こうは》でピシッといける」という部分を感じますね。

トクマ　ありがとうございます。

大川隆法　都知事というのは、もう、行政官でなくてもいいと私は思うんですよ。いわゆる官僚《かんりょう》上がりの発想ができるような人でなくても、構わないんです。

東京都の人口は約一千二百万人ですが、いろいろな種類の人間が大勢いて、〝サメ〟とか、いろいろな〝魚〟が泳いでいます。都知事は、この全体の気持ちをアバウトにつかむと同時に、それらを動かさなければいけないわけです。

それで、過去、タレント系の人もよく出ていますけどね。作家も出ているし、それ以外に、意地悪《いじわる》ばあさんを演じた人（故・青島幸男《あおしまゆきお》）も出ましたが、まあ、何とか、それなりにやっています。

やはり、人の気持ちをつかむことが大事だと思いますよ。具体的な仕事は、都庁の官僚さんたちがかなりやってくれるでしょうから、都知事としては、都民の気持ちを全体的につかんでいくことと、「日本の中心としての繁栄《はんえい》を維持《いじ》する」という強い念《おも》いを持つことが大事ではないでしょうか。

トクマ　はい。

大川隆法　こんな例を出しては、失礼なのか、光栄なのか、少し分からないんですが、おそらく、女優の吉永小百合《よしながさゆり》さんでも東京都知事はできると思うんですよ。これを聞いて、ほかの党が本人を口説《くど》いたら、まずいんですけどね。本当に吉永小百合さんが出てきたら、当選する可能性があるので、あれなんですけど（笑）。でも、彼女にもできると思います。おそらく議会は協力的になるだろうし、下の人たちも、「政策は、ご自分ではできないでしょう。私たちのほうで、投げ返しておきます」と言って、やってくれるでしょう。彼女の場合、卒論も、東大生が書いていますからね。優秀《ゆうしゅう》な東大生が、「タダで書きます」と言って、早稲田《わせだ》の卒論を書いてくれているので、まあ、得ですね。

やはり、人の気持ちをつかむと同時に、東京の顔として、ＰＲする能力があるといいですね。世界に向けてＰＲできるものを持っている人がいると、いいんじゃないのかなと思うんですよ。都知事には、そういう意味でのカリスマ性というか、注目されるようなところが欲《ほ》しいですね。

その点では、東国原《ひがしこくばる》さんというか、そのまんま東《ひがし》さんよりも、あなたのほうが、いい男だよね。

トクマ　ありがとうございます。

大川隆法　まあ、比較《ひかく》してはいけないのかもしれませんけどね。

でも、彼は、宮崎《みやざき》県知事をしていたとき、地元の産物を一生懸命《いっしょうけんめい》にＰＲしていたので、それで、人気がすごく高かったんだろうと思います。ＰＲ能力と客寄せ能力がけっこうあったので、ある程度、繁栄なさったんでしょう。

ただ、東京の場合には、「首都としての文化と経済を落とさないぞ。むしろ、盛り上げていくぞ」という感じが要《い》るでしょうね。

ほんの少し前、トクマさんが入会したころ、中国のＧＤＰは、東京都のＧＤＰぐらいしかなかったんですよ。東京都は何をしていたんでしょうか。本来なら、東京都には、今、中国と同じぐらいのＧＤＰがなければいけないんですよ。経済成長が、二十年間、止まっているわけです。

止まっているやつは、カメでも追い抜《ぬ》けますからね。これは悔《くや》しいですよ。

トクマ　本当ですよね。やはり、知事が、夢を与《あた》えるイメージをあまり持っていないように感じますね。

東京は「規制撤廃《てっぱい》」で、まだまだ発展できる

大川隆法　やはり規制でしょうね。いろいろな規制が多すぎるんでしょう。「してはいけない」という規制ばかり出てくるのでね。

トクマ　超高層《ちょうこうそう》ビルとかですね。

大川隆法　そう。こうした規制は、起業家精神を削《そ》ぐんですよ。何か新しいことをしようとしたら、「これは駄目《だめ》です」というものばかりじゃないですか。

トクマ　それでは発展しないですね。

大川隆法　そうなんです。日本は、デモ一つ取っても、規制だらけですよ。中国のデモの参加者は、日本大使館の前では〝整然〟とデモをしていましたが、カメラの視線に入る前の所では、当局から、生卵二個とミネラルウォーターを渡《わた》されて、「これを投げろ！」と指示されていたんです。当局の協力を受けて、デモをしてくれたわけですね。

一方、日本の場合はどうかというと、当会の学生局の人たちが中国大使館に抗議《こうぎ》に行ったら、警察の取り締《し》まりがあって、五人一組で大使館前に行き、一人ずつ順番に抗議文を読み上げたそうです。

トクマ　学校の発表会のようですね（会場笑）。

大川隆法　もう、お笑いですよ。これでは抗議にならないですね。

トクマ　僕も、ミュージシャンですから、ストリートライブをやるじゃないですか。そうすると、すぐ捕《つか》まってしまうんです。もう、始末書ですよ。

大川隆法　やっぱり、そうですか。

トクマ　日本は、本当にそういうものばかりですよ。何とかして、ガラガラポンにしないといけないと思います。

大川隆法　そうですね。規制が多すぎます。

これは、法律が増える一方だからですね。国会は立法府なのでしょうが、法律をつくってばかりいます。それから、都の条例から、区の条例まであるわけです。

これらを廃止《はいし》できないんですよ。なかなか「捨てる」ことができないので、増える一方になるんです。

そして、この増えた法律をいちいち覚える職業の人が、官僚や法律家など、たくさんいるわけですが、やはり、「機能していないものを捨てる作業」をしなければいけません。これが、発展をそうとう阻害《そがい》しています。「これは要らない」という作業をやるべきですよ。

トクマ　そうですね。（ホウキを指して）これには、「それをお掃除《そうじ》する」というイメージもあったんです（会場笑）。

大川隆法　あと、例えば、東日本大震災《だいしんさい》のときにも、こういう話がありました。当時、アメリカの空母がたまたま日本の近くまで来ていたので、「助けます」と言って、駆《か》けつけてくれました。阪神《はんしん》・淡路《あわじ》大震災のときは、日本側が断ったため、空母は救援《きゅうえん》に入れなかったんですが、今回は、手伝ってもらえたわけです。

そして、被災地《ひさいち》が「薬が足りない」と言っているので、空母から薬を運ぼうとしたところ、厚労省は、「認可していないアメリカ製の薬は、国内では使えません」と言って、それを認めなかったんです。風邪《かぜ》薬や熱を下げる薬などは、アメリカ人が飲んで死なないなら、日本人が飲んでも死にませんよ。緊急《きんきゅう》事態のときに、そういうことをしていては駄目ですね。

トクマ　日本のお役所は、まじめすぎます。

大川隆法　まじめは、まじめなんでしょうけど、頭がいいとは言いかねる面がありますす。なあ、立木《ついき》さん？（会場笑）ちょっと、頭がいいとは言いかねる面がありますからね。

トクマ　やっぱり、ハートで動かないと駄目ですよ。

大川隆法　そうそう。東京は、もう少し自由にしたほうがいいと思います。以前にも話をしたことがありますが、昔、アメリカの西海岸に行ったとき、丘《おか》の急斜面《きゅうしゃめん》に家が建っていました。「こんな所に建てるのか」と驚《おどろ》いたんですが、要するに、「事故が起きて死んだら、本人の自己責任」ということで建てているんでしょう。

日本では、まず、許可が下りるとは思えないような場所でした。そういう所に足場を組み、家を建てている人がいたんです。

それを見て、「アメリカ人は、よくやるなあ」と思いましたけどね。

トクマ　ちなみに、練馬《ねりま》の石神井《しゃくじい》池は、酔《よ》っぱらいの人が何度も落ちていますが、柵《さく》ができないんですよ。自己責任になっています。

大川隆法　ああ、そうなの？　あそこにはワニがいるんじゃないの？

トクマ　そうなんですか。

大川隆法　捕まえた？（会場笑）捕まったのかなあ。

トクマ　ワニガメではないでしょうか。

大川隆法　ワニガメですか。なんか、目撃《もくげき》情報が……。駄目だ。思い出せない。関心を持った追跡《ついせき》が、その後、できていないので……。

トクマ　たぶん捕まりました。

大川隆法　たぶん捕まったのね？　ああ、そうか。うーん……。

あれは、実は、うちが放したんですよ。まあ、冗談《じょうだん》ですけど（会場笑）。

まあ、話を戻《もど》しますと、なんか、みんなで、幼稚園児《ようちえんじ》を指導しているような感じかな。事故が起きたら、園長先生の責任にされるので、「いけません。いけません」ばかり言っているんでしょう。

このように、「守る」のが、優等生だったり、エリートサラリーマンだったり、官僚だったりするわけです。そして、そういう状態が長く続いていて、なかなか消えないんですね。

そのため、官僚でも、新しいアイデアを出して自分で起業していくようなタイプの人には、周りから嫌《きら》われたり、退職・独立していったりする傾向《けいこう》がありますね。

しかし、官僚は、もう少し起業家精神を発揮しなければいけません。

ドイツに倣《なら》い「美しい街並みをつくる運動」があってもいい

大川隆法　それと、街並みも、きれいでない所が多いですね。きれいであるべき所については、もっと、きれいにしてはどうでしょうか。

日本人には色彩《しきさい》感覚がありません。東京の建物は、ほとんど灰色じゃないですか。

トクマ　そうです。だから、僕は、「東京ディズニーランド計画」を考えているんですよ。「何度も足を運ぶ」というのは、みんな、それだけディズニーランドが好きなんです。きれいで、ゴミも落ちていないし、雰囲気《ふんいき》が全然違います。

あと、僕は、恵比寿《えびす》のガーデンプレイスも好きです。あそこも街並みがきれいだから、散歩したくて、行ってしまうんですよ。

ですから、都市開発をしっかりとやって、トゥモローランドじゃないけど、超高層ビルの未来型のビジネス街をつくったり、あるいは、映画「三丁目の夕日」のような昔のノスタルジーが好きな人たちは、昭和村のような街をつくったりしてもいいじゃないですか。

大川隆法　うーん、なるほどねえ。

トクマ　ミュージシャンの街があってもいいと思うんですよ。そうすると、音の問題がクリアできます。

僕は、今朝《けさ》四時に曲をつくりましたけど、近所のことを考えて、布団《ふとん》をかぶってやりました。

大川隆法　布団をかぶって⁉（笑）（会場笑）

ああ、そうですか。やはり、音が出てしまうんですか。

トクマ　そうなんです。

大川隆法　地下に〝シェルター〟をつくらないといけませんね。

トクマ　そこで、「ミュージシャンの街をつくればいいんじゃないか」と。

大川隆法　そのへんは、投資が少し足りないですよね。有名な芸術一家といえば、千住《せんじゅ》さんでしたか。確か、音楽家の人もいるでしょう?

司会　作曲家の千住明《あきら》さんでしょうか。

大川隆法　千住明さんの妹の、千住真理子《まりこ》さんは、ヴァイオリンを弾《ひ》いている方ですよね。
私は、お兄さんの明さんの仕事場をテレビで観たことがありますが、コンクリートの打ちっぱなしの地下室でした。殺風景で、少し気の毒でしたね。「もう少し美しい、インスピレーショナブルな場所にしてもいいのかな」という印象を受けたのを覚えています。

みんな、音を嫌《いや》がるので、日本では、なかなか難しいんでしょうかね。

トクマ　建物の色は、先ほど先生がおっしゃったとおり、やはり灰色が多すぎます。

大川隆法　色ね？　この感覚は本当に悪すぎます。自由に建てているので、そうなっているだけかもしれませんが、ドイツのように、「美しい街並みをつくるために、街全体を、こういう色合いにしよう」という動きがあってもいいと思います。

本当は、私であっても、街を見ていて、ちょっと腹が立つようなこともあるんですよ。「こんな状態で、いったい何年、何十年と放っておくのかな」と思うような所も、たくさんあるんです。

「空中権」を新たな財源にすれば、増税の必要はない

大川隆法　昨年、私は、東南アジアへ巡錫《じゅんしゃく》に行きましたが、どの国も、広告が日本より自由でした。例えば、日本では、高速道路を走ると、広告はまず見えないでしょう？

トクマ　そうですね。

大川隆法　「広告を見て、事故を起こすといけない」ということで、規制されていると思うんですよ。だから、日本にはない。

しかし、東南アジアのほうへ行くと、例えば、ハッピー・サイエンスの広告でも、うれしいことに、私の等身大ではなく、本当にバカでかい〝大川隆法〟の看板が、あちこちに立っていたんです。やっぱり感激ですよね。

ただ、そういう看板があっても、現地の人は、別に事故を起こしていませんけれども ね。

トクマ　トンネルのなかに、オーロラビジョンのような広告があっても面白《おもしろ》いですね（会場笑）。

そういう看板があると、やっぱり、事故りそうですかね。

大川隆法　いやあ、まあ、それは自己責任ですよ（会場笑）。一回目は珍《めずら》しいかもしれませんが、何回も通ったら、別に珍しくなくなるでしょう。

幸福実現党の本部ビルも、看板を出していますが、高速道路のそばにビルがあるために規制があり、ギリギリいっぱいの高さで看板を付けているようです。

高速道路からも見えるように、バーンと出せたらいいんだけど、あれにさえ規制があるんですよ。だから、駄目ですね。商売センスが悪いです。

石原《いしはら》さんが都知事になって初めて、バスの車体にも、いろいろな広告が載《の》るようになりましたけど、こういうのができないのが公務員気質《かたぎ》なんでしょう。石原さんは一橋《ひとつばし》大学の出身で、商業感覚があるから、できたんでしょうが、収入を上げる道は、ほかにもたくさんあるはずです。ちょっとさみしいですね。

また、オーストラリアに巡錫したときには、私の顔写真入りのポスターと、違う種類のポスターとが、順繰《じゅんぐ》りに上がったり下がったりしてくる広告がありましたが、あのようなものは東京では見ませんしね。

トクマ　まず規制緩和《かんわ》ですね。

大川隆法　とにかく、規制だらけなので、要らないものは外していったほうがいいですね。それが、おそらく発展を阻害しているんです。

例えば、この総合本部ビルを建てるときも、十階が上限だったんですよ。よそが日陰《ひかげ》になるからかもしれないし、防災上の問題で十階になっているのかもしれませんが、誰《だれ》かが、いつか、決めたものであることは間違いないはずです。しかし、十階に限らなくても、別に構わないと思うんです。

空中権は、もっともっと財産を生みますよ。増税なんて要りません。空中権のところで財源をつくればいいんです。「都や国が空中権を売る」というかたちにすれば、実は収入が出てくるんです。

例えば、このビルは十階建てですが、「二十階、三十階のビルを建てたいのなら、その分の空中の開発権を買いなさい。そうすれば建ててよい」というかたちにして、それを財源にすればいいんです。

「空中の使い方」のなかに未来がある

大川隆法　日本は、特に、空中の使い方が悪いと思いますね。

以前、森《もり》ビルの前会長が、あるテレビ番組で、「高いビルを建てて、その間をロープウエーで結びたい」と言っていました。

私は、「高いビルをモノレールで結んだらどうか」と思っていますが、いずれにせよ、「地上を走らずに、空中をつなぐのはいいな」と思いますね。そうすれば、大きなビルから大きなビルへと、邪魔《じゃま》なしで早く行けますよ。交通事故もないでしょうしね。

それから、「東京は、ヘリコプターがあまり飛ばないな」と思っていましたが、電線とも関係があるようです。

一昨日《おととい》の日曜日、横浜正心館《よこはましょうしんかん》へ説法《せっぽう》をしに行ったとき、ある人から、「横浜では、景観を重視し、電線を地下に埋《う》めることになっています」という説明を受けたんですが、そう言っている目の前に電線があり、「あるじゃないの。何を言っているの？」なんて言っていたんです（笑）。横浜正心館の近くにも、やはり、電線がありました。

トクマ　では、「昭和村だけ電線ありで、あとはなし」とか。

大川隆法　電線に引っ掛《か》かるから、ヘリコプターが飛べないんですよね。要するに、夜になると、電線がどこにあるかが分からないので、学校の屋上であろうが、どこだろうが、そう簡単に降りられないわけです。

もちろん、「ヘリコプターの音がうるさい」という理由もあるでしょう。これについては、もう少し改良の余地があるかもしれません。

やはり、空の使い方は、ジェット機も含め、全体的にすごく下手ですね。

去年、インド巡錫から帰ってきたときにも言いましたが、十五年前に行ったときと比べると、インドは、インフラがかなり整備されていました。特に、空港にプライベートジェット機が数多く並んでいて、ちょっと驚いたんです。

インドは国土が広いので、車で移動するのは大変すぎるんですよ。道路もあまり整備されていませんしね。そのため、プライベートジェット機で飛んでいくわけです。この点では、日本より進んでいますよ。日本では、そういうことが、ほとんどできないんです。

以前、ホリエモン（堀江貴文《ほりえたかふみ》氏）が、それをしようとして、捕まりましたけどね。彼は、個人で三十億円を出してプライベートジェット機を買い、広島から衆院選に立候補して、当選したら、広島と東京の間をそれで行き来するつもりだったようですが、それが、逮捕《たいほ》される原因の一つになったようです。要するに、「そんな贅沢《ぜいたく》はけしからん。捕まえてやろう」と思った人がいたわけです。

トクマ　日本は嫉妬《しっと》社会ですよね。

大川隆法　ええ。確かに、「東京で仕事をして、週末だけ帰る」というのであれば、プライベートジェット機を持っていたほうが便利でしょう。飛行機を使うにしても、空港を通るのに、ものすごい時間がかかりますからね。

しかも、最近、日本の空港でも身体検査が始まりました。外国では、厳しいチェックをするところもありますが、日本でも、抜き打ちでの身体検査が始まったんです。今まで緩《ゆる》かったのに、少し不自由な感じになりますね。

とにかく、規制の部分は取っていったほうがよいでしょう。「こういう方向へもっていく」という、一定のコンセンサスは要るとは思いますけどね。

先ほどの街並みの話でいくと、色などを規制する面もありますが、ドイツとかにも、「街並みは、この色でなければいけない」という条例があったりするので、このへんは、意見が割れるところかもしれません。

日本には、変わった家も、きれいな家も、あまりないですよね。似たようなものばかりつくっています。センスが悪いですね。

トクマ　だから、面白くないんですよ。

大川隆法　面白くないですよね。

10「ハートをわしづかみにする政治家」を目指せ！

政治家は、「どれだけ〝客〟の心をつかめるか」が大事

司会　トクマさんから、東京の未来について、さまざまな構想が語られましたが、その実現に向け、最後に、改めて、ここで正式に立候補表明と、その意気込《いきご》みをお聞かせ願います。

トクマ　今回、都知事選に立候補させていただきます！（会場拍手《はくしゅ》）

大川隆法　おお！（拍手）

政治家は、「どれだけ〝客〟の心をつかめるか」ですね。要するに、一般《いっぱん》の人からの支持を得られないといけませんのでね。東京都民の九割は浮動票《ふどうひょう》で、ほとんどは、「誰《だれ》を支持するか」など決めていないような人ばかりなので、どうやって投網《とあみ》を打って捕《つか》まえるかですね。こういう人たちから、どれだけ人気が取れるか、空気がつくれるかです。

当会の雑誌には、「空気を読まない幸福実現党」と、自ら書いてるようですけど（会場笑）、これではいけません。やはり、空気が読める方向にもっていかないと。トクマさんには、人気をつくるための風穴《かざあな》を開けてほしいですね。

トクマ　はい、風穴を開けます。これまでとは違《ちが》う空気を流していきます。

大川隆法　「幸福実現党には、こんな面もあるのか」と思われるように、ガーッとムードを上げて、イメージを変えていただきたいなあ。

トクマ　やるっす！

大川隆法　当会には、「自由」の大切さを主張しているわりに、戒律《かいりつ》宗教的な面も残っているんですよ。

トクマ　街宣車も、みんな、〝ハコ乗り〟にしないと駄目《だめ》ですよね（会場笑）。自民党のほうは、そのくらいのことをしてましたよ。

大川隆法　ああ、そうですか。

トクマ　政策は何も言わないんです。

大川隆法　（笑）（会場笑）

トクマ　候補者の名前だけなんですけど、あの迫力《はくりょく》、あの情熱に、みんなやられちゃうんですよね。

ＴＰＰ参加には「中国包囲網《ほういもう》づくり」の意味もある

大川隆法　まあ、今回（衆議院鹿児島《かごしま》補選）は、自民党候補者も、民主党推薦《すいせん》候補者（国民新党）も、政策がほとんど同じだったようですから、「とにかく、自分の名前を連呼して、熱を入れている姿さえ見せればよい」という感じで、何でもよかったんでしょうけどね。

トクマ　そう、そう！　そうなんですよ。

大川隆法　ＴＰＰ（環《かん》太平洋戦略的経済連携《れんけい》協定）について、両者とも反対していたのは、やはり、鹿児島には農家が多いからでしょうかね。どうなんでしょうか。

トクマ　はい。多いようですね。

大川隆法　「それで農家が潰《つぶ》れるかもしれない」ということでしょう？

ＴＰＰについては、一つだけ言っておかないといけないことがあります。

確かに、「農業や漁業等をどのように保護するか」という問題も、別途《べっと》あるかもしれませんが、ＴＰＰとは、実は、「アメリカとアジアを経済的に結び、中国を外す作戦」です。つまり、ＴＰＰの本質は「中国包囲網《ほういもう》」なんです。

ＴＰＰの条項《じょうこう》のなかには、中国がどうしてものめないものが入っています。そこには、知的財産権の保護や人権重視、あるいは、環境保護などの概念《がいねん》が入っているんですよ。

したがって、このＴＰＰに、日本と他のアジアの国々が入り、さらにアメリカが入れば、実は、これで中国包囲網をつくれてしまうんです。

もしかすると、日本の農業・漁業が他の国に攻《せ》め込まれる可能性もないわけではありませんけども、ＴＰＰに入ることによって、中国包囲網をつくることができるんですよ。

昨年、野田《のだ》首相も、就任してすぐに、「ＴＰＰ交渉《こうしょう》に参加する」という方針だけは表明しましたが、次の選挙で票が減り、負けることを恐《おそ》れているようで、「結論はゆっくりと考える」というように、態度を曖昧《あいまい》にしています。

ただ、これには、「中国包囲網という観点もある」と言っておきたいんですね。

幸福実現党は、基本的に「ＴＰＰ賛成」の立場だと思います。

ただ、東京では、農業や漁業の割合が少ないので、それほど反対する人はいないでしょうけれども、地方では、弾力的《だんりょく》に考えなければいけない部分があるかもしれませんね。

「知的財産権・人権・環境《かんきょう》」への意識が低い中国は文明国ではない

大川隆法　それにしても、中国というのは、トクマさんの歌だろうが何だろうが、著作物を盗《ぬす》んで海賊《かいぞく》版をつくってもお構いなしの国なんですよ。

トクマ　そうですね。

大川隆法　私も、印税を払《はら》ってもらわないまま、勝手に海賊版を出されていたようですが、最近は、「何千部以上売れたら、一部は支払う」といった話が、少しは出ている程度ですね。

トクマ　それも意味が分かりませんけどね。

大川隆法　要するに、著作物・創造物に対する価値を認めていないし、環境《かんきょう》保護などまったく考えません。また、人権についても、ものすごく〝安い人権〟です。

例えば、臓器移植についても、日本では非常に苦労していますが、中国では、「どうせ死刑囚《しけいしゅう》は死ぬんだから、死刑になる前の生きているうちにもらったほうが、生きのよい臓器が手に入る」などということを行《おこな》っていて、だいぶ問題になりつつありますよね。

「人間の権利」に対する意識が非常に低いし、環境や知的財産権、所有権、著作権などに対する意識も非常に希薄《きはく》です。

私たちは、その隙《すき》を狙《ねら》って、中国伝道をするときには、わざと海賊版を流すようなこともしていますよ。私の説法《せっぽう》や本などの一部が正規でないもので流れることも考えてはいるんです。

いずれにしても、今のような状態では、「文明国」とは言えませんね。

トクマ　はい。

大川隆法　中国が「世界ナンバーワン」を目指すには、もっと修行《しゅぎょう》をする必要があるので、鍛《きた》えてやらなければならないでしょう。「ここが足りない」という部分について、道場で稽古《けいこ》をつけてやらないといけませんね。

中国の「反日デモ」被害《ひがい》に対する日本の権利を主張せよ

大川隆法　今年八月から九月にかけての反日デモによって、中国は「文明国ではない」というところを、世界中に見せました。

トクマ　そうですね。

大川隆法　これに対して何も打ち込めない日本のマスコミは、勇気が足りませんよ。

「『愛国無罪』は結構だが、日本企業《きぎょう》が受けた被害《ひがい》に対しては、きちんと補償《ほしょう》せよ」と、絶対に、中国に対して言うべきです。政治家も、もっと言わなければなりません。向こうのマスコミは言いたい放題のことを言っているわけですからね。

中国は、国営企業だろうと、民営だろうと、言いたい放題のことを言っていますが、日本は、まったく権利を主張せずに、「客観的事実はこうです」ということだけを言っています。そして、中国側の主張は報道しているのに、それに反対するようなものはすべて隠《かく》して、反日の運動ばかり報道しているじゃありませんか。

パナソニックだって、ユニクロだって、数多くの被害に遭《あ》っているわけですから、きちんと権利を主張して、怒《おこ》らなければいけませんよ。

「あんなものも取り締《し》まれないような警察など、もはや警察ではない!」というぐらい、ガンと怒ったらよいのです。国がそれを放置しているのは分かっているんですからね。

だから、「『南京事件《ナンキン》』や『従軍慰安婦問題《じゅうぐんいあんふ》』などを主張するのもよいが、まず、現在ただいまの問題を補償すべきだ」ぐらいのことは言わなければいけませんね。

日本からのＯＤＡを軍事資金に横流しする中国を許すな

大川隆法　日本は、二十年以上にわたり、途上国に対するＯＤＡ（政府開発援助《えんじょ》）として、中国に六兆円から八兆円程度のお金を援助し続けています。

つまり、中国のインフラを整備し、経済レベルを上げ、国民を豊かにするような、基幹的なところに使われることを想定して出しているわけです。

ところが、実際の中国は、軍事費のために使ったり、アフリカ諸国を植民地化するために使ったりしているんですよ。

トクマ　要するに、〝横流し〟ですね。

大川隆法　あんなことは許せないですよ。

今年六月、ウガンダへ講演をしに行ったときに聞いた話では、「ウガンダの大統領府や大使館は、中国が建ててくれた」というんです。こんなことがあるのはおかしいですよ。将来、占領《せんりょう》するための布石《ふせき》にしか見えませんよね。中国が植民地化するために、「この国の大統領府は中国が建ててやったものだから」と言うつもりなんでしょうけれどもね。

このように、日本のＯＤＡなどが流用され、さまざまな所でこういうことが行われているわけです。だから、この国をもっと文明化しなければなりません。

また、「中国人の観光客が日本に来ているから」といって、魚網《ぎょもう》で捕まえる必要はありませんけれども、いちおう、日本へ旅行に来た中国人には、「文明・文化とは何ぞや」ということを教えないといけませんね。

そのへんは中国人に勉強させないといけないと思います。

「日本も、言うべきことをバシッと言わなければいけない」と思うし、「中国の先生役」としての自覚が要《い》ります。日本は、中国と比べれば、まだ、一人当たり十倍の経済力を持っていますからね。

トクマ　そうですね。

中国人のノーベル文学賞作品は低レベル

大川隆法　最近、中国人のノーベル文学賞受賞者が出ました。〝言う莫《なか》れ〟と書いて、「莫言《モーイエン》」というペンネームの作家です。

私も、この人の本を読んでみましたけれども、ろくでもない作品ですよ。あまりのレベルの低さに、〝涙《なみだ》がちょちょ切れる〟ほどでした。

例えば、『転生夢現《てんせいむげん》』という作品がありますけど、「主人公がさまざまな動物に生まれ変わり、再び人間に生まれ変わる」というような内容です。インドの転生輪廻《てんしょうりんね》思想レベルのものを、現代中国で書いただけでも珍《めずら》しいのかもしれませんが、まあ、漫画《まんが》的ですよね。あえて言えば、夏目漱石《なつめそうせき》の『吾輩《わがはい》は猫《ねこ》である』あたりの着想に転生輪廻のイメージを投影《とうえい》し、「動物に生まれたらどうなるか」を描《えが》いた程度の話で、言わば、「漱石の盗作《とうさく》に、転生輪廻をくっつけたような作品」ですよ。

ノーベル文学賞の正体はこのレベルです。大したことがありません。本当にくだらない内容です。やはり、本物の文化を、もう少し教えてやらないといけません。

老若男女《ろうにゃくなんにょ》の心をわしづかみできる政治家になってほしい

大川隆法　とにかく、これからは、日本が「精神的に大事なこと」を世界に発信しなければいけない時期です。中国と言わず、アメリカと言わず、ヨーロッパと言わず、同じように言わなければならないと思いますね。

そういう意味で、政治家は、「多くの人の人気を取り、人の意見を聞くことのできる人」であればよいのではないかと、私は思うんですよ。もちろん、「グーグル」的な人（知恵袋《ちえぶくろ》）のサポートも必要です。「グーグル」がいないと、仕事にならないところはありますのでね。

どうか、「うわぁ、今度は一味違うなあ」と言われるような戦い方をしたいですね。老若男女《ろうにゃくなんにょ》を問わず、どんどん心に入っていって、ハートをわしづかみにするような感じでいきたいものです。

トクマ　大丈夫《だいじょうぶ》です。お任せください。

大川隆法　当会の力は、まだまだこんなものではないんです。鹿児島あたりでは、まだ分からなかったのかもしれませんけどね。

11 愛国心教育で、さらなる日本の繁栄《はんえい》を！

「自虐《じぎゃく》史観教育」がいじめの増加につながっている

司会　本日は、さまざまなお話を伺《うかが》いました。

現在は、東京都政一つを取ってみても、何かを守るために、すぐに規制が敷《し》かれてしまうような面がありますが、それに対し、ミュージシャン魂《だましい》を持っているトクマさんが力を発揮されたならば、もっと自由性を発揮できるだけの規制緩和《かんわ》が推《お》し進められ、より成熟した精神風土をリードできる可能性を感じることができました。本日は、そんな一面も引き出せたのではないかと思います。

そろそろ時間も少なくなってきましたが、何か言い残したことなどはございますでしょうか。

大川隆法　そうですねえ。（手元の資料を見ながら）あなたが用意されたこの表は、何か言うつもりだったんですか？

トクマ　ああ、これは、高校生の意識をまとめた表（財団法人日本青少年研究所「高校生の心と体の健康に関する調査―日本・アメリカ・中国・韓国《かんこく》の比較《ひかく》―」）なんですけど、「私は価値ある人間だと思う」「自分が優秀《ゆうしゅう》だと思う」などの自己評価について、日本は四カ国中、すべての項目《こうもく》が最低なんです。ここに、日本人の自信のなさが表れてると思うんですよ。

大川隆法　うーん。

トクマ　僕はいつも同じことばかり言っているんですが、やはり、まず、教育における自虐《じぎゃく》史観の部分を変えたいんですよね。東京都では、都立高校などの歴史教育から見直しをしたいんです。

大川隆法　そうでしょうね。やはり、教育の中身を変えなければ、「愛国心」や「国益」を尊《とうと》ぶ心も育ちません。これを教えないために、「自尊心のない、マイナス思考の子供」が多くなっています。それが、いじめが増える原因にもなっていますね。

今、マスコミがしていることは、いじめの原型ですよね。

トクマ　そう思います。

大川隆法　実際、マスコミがいじめの原型をつくっていると思うんですけど、子供には、もっと肯定《こうてい》的なものの考え方を持たせないといけませんね。減点だけの見方ではいけません。

トクマ　僕は、この問題については、常に言い続けています。すでに曲もあるので、街宣のときには必ず歌っているんです。

「公共放送」を名乗り、国益の報道から逃《に》げるＮＨＫのずるさ

大川隆法　それと、この前、『ＮＨＫはなぜ幸福実現党の報道をしないのか――受信料が取れない国営放送の偏向《へんこう》――』（幸福の科学出版刊）という本を出しました。そして、当会の学生部がＮＨＫの前で献本《けんぽん》活動をしていたら、本を受け取ったＮＨＫの職員は、「うちは国営放送じゃないんだ」と言っていたそうですよ。

確かに、ＮＨＫが「公共放送」と名乗っていることは事実です。しかし、「『国営放送』ではなく、『公共放送』だ」と言うのは〝逃《に》げ〟ですよね。「『公共放送』と言えば逃《のが》れられる」とでも思っているんでしょうかね。

「『国営放送』であれば、国益になることを放送しなければならない。しかし、『公共放送』であれば、国益を言わなくてもよい」と思っているのかもしれませんが、これは、〝国益放送〟をやめて、〝公害放送〟を目指しているように見えなくもありません。

トクマ　それはかなり問題ですね。

大川隆法　「公共」という言葉には気をつけないといけませんよ。「公共放送」と聞いて、私が連想するのは、「公衆浴場」のイメージですね（会場笑）。要するに、銭《せん》湯《とう》です。

公衆浴場は昔からありましたけど、個人で経営していても、公衆浴場なんですよね。ただ、それは、「全国的に、だいたいの料金が決まっている」というだけの理由でしょうか。

また、「料金が公定されている」という点では、タクシーなども料金が決まっているので、公共と言えるのかもしれません。「公共放送」という呼び方も、その程度のイメージですね。

トクマ　ああ、なるほど。

大川隆法　国益を言わない理由づけに「公共」という表現を使い、それで逃げているのであれば、「少々ずるいのではありませんか？」と言わざるをえません。

国家を嫌《きら》う「地球市民」には国益に対する責任感がない

大川隆法　そのようなタイプの人間は、愛国心がなく、「国」や「国民」といった言葉を嫌《きら》い、そのかわりに、「市民」という言葉を使う類《たぐい》の人たちなんですよ。

トクマ　はい。

大川隆法　もっと言えば、「地球市民」という言葉ですね。これは、民主党の仙谷《せんごく》由人《よしと》氏もよく使っています。あの年代の人は、「市民」や「地球市民」という言葉をよく使うんですけども、そうすれば、「国益」や「国家」や「国民」といったことは言わなくて済むんですね。「市民」という言葉を使っている人は、左翼《さよく》と見て、ほぼ間違《まちが》いありません。

要するに、彼らは責任感を持っていないんですね。愛国心もなく、国益に責任感を持っていない連中が「市民」を名乗っているし、やたらと「公共」という言葉を使って、「国とは関係ない」というような言い方をする連中もその類ですよ。

だから、このへんは気をつけないといけません。

押《お》しつけられた〝原罪〟意識が他国に攻《せ》め込《こ》まれる隙《すき》をつくる

大川隆法　国益を考えない国なんか、今、世界中のどこにもありませんよ。

トクマ　それはないでしょうね。

大川隆法　そういう国は日本ぐらいしかありませんので、恥《は》ずかしいことですよ。これは、「自虐史観」の影響《えいきょう》によって、自分の国に対して肯定的ではない人間が増えていることと関係があります。

結局、一種の原罪論でしょうか。日本は、キリスト教の国でもないのに、いつの間にか、〝原罪〟をつくられているんです。

トクマ　そうですね。

大川隆法　いつの間にか、「アダムとエバの犯《おか》した原罪により、呪《のろ》われている」というような感じで、日本もやられてしまっているんですね。

トクマ　「その引け目が、外交問題等を引き寄せている」ってことですよね。

大川隆法　そう、そう。

トクマ　それで、他国からつつかれてる。

大川隆法　そう、そう、そう。自ら呼び込《こ》んでいるんですね。

トクマ　そうなんですよ。

大川隆法　「ここを攻《せ》めたら、うちは弱いですよ」って、自分から見せているようなものなんです。

だから、「サメの頭をガツンと殴《なぐ》ってやる」ぐらいのことをやってほしいですね。この壁《かべ》を破らないといけないと思います。やはり、「国を愛すること」は大事なんですよ。

東京を愛し、素晴《すば》らしい都市づくりを

大川隆法　先ほど、「ENDLESS LOVE FOR TOKYO《エンドレス　ラブ　フォー　トーキョー》」（東京、わが愛）という歌も披露《ひろう》されましたが、本当に東京を愛さなければ、東京はよくならないんですよ。

トクマ　そうですね。「大切にしなきゃ」、ですよね。

大川隆法　ええ。「ここを中心にして、日本中をよくする」というか、「自分の市や町を愛する心」をつくらなければいけないですね。

そのように東京を愛したら、東京は絶対によくなるんですが、今、その気持ちが少し薄《うす》れているような気がするなあ。

トクマ　はい。

大川隆法　私は、東京をもっといい都市にしたいんですよ。

中国なんか、五十階建て以上のビルが二千棟《とう》ぐらいは建っていますからね。まあ、あれは手抜《てぬ》き工事のゼネコンによる仕事だとは思うけども、やはり、東京の規制のきつさはひどすぎます。

東京に一階建てや二階建てばかり建てていたら、外国からバカにされますよ。もっと、ちゃんとしたものをつくったほうがいいと思いますね。

それに対して、〝わがまま〟を言っている変な人たちも一部にはいるようですが、そういう人には説教をしなければいけません。どこかに集めて説教してもいいぐらいですよ。それこそ、公共心が足りないのかもしれませんが、もう少し愛国心教育が要《い》りますね。やはり、素晴《すば》らしい国をつくらなければいけません。

この考え方を変えれば、「まだまだ日本の発展は続く」と、私は思いますよ。

トクマ　はい。そう思います。

大川隆法　今、新しい思想、新しい文化として、幸福の科学が出てきているので、日本がまだ繁栄《はんえい》を続けられる条件はあるんですよ。あとは、それを後押《あとお》しする力をつくれなければいけません。日本がどんどん下がっていくようでは駄目《だめ》ですね。自虐的な首相も駄目だと思いますけども、とにかく、何か、もっといいイメージを発信したいですね。

「型破りな行動」で「度肝《どぎも》を抜《ぬ》くような結果」を期待する

大川隆法　ほかに何か言っておいたほうがいいことはありますか。

司会　もう十分に出尽《でつ》くしたかと思います。お時間も来ていますので。

大川隆法　私が歌えなかったのは残念ですけどね（会場笑）。

司会　また別の機会にお願いします（笑）。

大川隆法　（トクマ氏に）型破りで結構ですので、頑張《がんば》ってくださいね。「立木党首《ついき》が怖《こわ》がるようなこと」をすると、票が取れますから（会場笑）。そういう雰囲気《ふんいき》だと思いますので、みんなが、「それはどうかな？」と言ったら、やるべきです。

トクマ　はい。除名覚悟《かくご》で頑張ります。

大川隆法　まあ、念のために言っておきますけども、〝格子戸《こうしど》〟の向こうには、あまり長くいないほうがよいとは思います。そういう所は、あまり長くいるべき場所ではないから、ほどほどにしたほうがよいでしょうけれども、あまり細かいことを考えすぎてもいけませんね。

やはり、私は、昔の日本人のことを思い出します。吉田松陰《よしだしょういん》が問われた罪にしても、「海外渡航《とこう》の禁」なんて、今から見たら、お笑いですよね。あんなことで、「国禁を犯した」とされて重罪になるなんて、ちょっと信じられませんよ。

坂本龍馬《さかもとりょうま》なんか、「脱藩《だっぱん》の罪」ですよ。「県を出た」というだけで罪になり、一族が責任を問われた。今から見れば、おかしいでしょう？　当時は、「職業の自由」や

「移転の自由」、「海外渡航の自由」がなかったわけです。

現代では、そういう自由は得られましたけれども、さらに、もう一段の建設的な自由を手にしなければいけないと思いますね。

今日は、「教団関係者やシンパたちに、トクマさんをご紹介《しょうかい》したい」という気持ちで対談をしたわけですが、さらに、みなさんで新しい企画《きかく》をつくってくだされば うれしいですね。

（トクマ氏に）どうか、一般《いっぱん》の人の心をつかんでいただければと思います。度肝《どぎも》を抜《ぬ》くような票を取ってくださいよ。東京都民はまだ何も決めていませんから、度肝を抜くような結果を一発出して、幸福の科学内部の常識を破っていただきたいですね。

トクマ　はい。分かりました。

司会　みなさんで期待をしたいと思います。
以上で対談を終了《しゅうりょう》させていただきます。今日は、本当にありがとうございました。

大川隆法　はい。ありがとうございました（会場拍手《はくしゅ》）。
（トクマ氏にホウキを手渡《てわた》しながら）これは〝神器《じんぎ》〟だからね。

トクマ　はい、頑張ります！

第2章

トクマ過去世鑑定《かこぜかんてい》

二〇二二年十月二十九日　収録

東京都・幸福の科学 教祖殿《きょうそでん》 大悟館《たいごかん》にて

エドガー・ケイシー（一八七七～一九四五）

アメリカの予言者《よげん》、心霊治療家《しんれいちりょう》。「眠《ねむ》れる予言者」「20世紀最大の奇跡《きせき》の人」などと称《しょう》される。催眠状態《さいみん》で、病気の治療法や人生相談等について数多くの「リーディング（霊査《れいさ》）」を行った。エドガー・ケイシーの魂《たましい》の本体は医療系霊団の長《ちょう》であるサリエル（七大天使の一人）であり、魂の兄弟が旧約の預言者《よげん》イザヤとしても生まれている（『永遠の法』『エドガー・ケイシーの未来リーディング』〔共に幸福の科学出版刊〕参照）。

質問者　※質問順

酒井太守《さかいたいしゅ》（幸福の科学宗務《しゅうむ》本部担当理事長特別補佐《ほさ》）

國領豊太《こくりょうぶんた》（幸福の科学宗務本部第一秘書局部長）

［役職は収録時点のもの］

1　エドガー・ケイシーに「トクマ氏の過去世《かこぜ》」を訊《き》く

大川隆法　トクマ氏の過去世《かこぜ》については、本人の守護霊《しゅごれい》の話からではなく、霊界《れいかい》のエドガー・ケイシーによる「過去世リーディング」で鑑定《かんてい》したいと思います。

エドガー・ケイシーにトクマ氏の過去世を霊査《れいさ》してもらい、そこに見えるものを淡々《たんたん》と述べてもらうことにします。本人にとって具合が悪いものの場合には、〝風景〟だけで止《と》めるかもしれませんが、トクマ氏の過去世で見えてくるものを、ケイシー霊に語ってもらいましょう。

（合掌《がっしょう》し、瞑目《めいもく》する）

エドガー・ケイシーの霊よ。

エドガー・ケイシーの霊よ。

どうか、ご降臨たまいて、今回、選挙に起用しようとしているトクマ氏の過去世について、その鑑定に協力したまえ。

その目に映る姿や景色、時代、男女の別、仲間、その他、何でも結構ですから、見えてくるものを語ってください。


（約十秒間の沈黙《ちんもく》）

2　江戸《えど》時代には、神社の神職として活躍《かつやく》

富士山の近くの木花開耶姫《このはなのさくやびめ》神社に生まれた

ケイシー　うーん。富士山が見えるね。

酒井　富士山？　富士山ですね？

ケイシー　富士山が見える。

酒井　富士山……。

ケイシー　富士山が見える所で、鳥居《とりい》があるね。

酒井　鳥居がある？

ケイシー　鳥居があって……。ああ、神社だな。小さいけれども、神社があって、前世《ぜんせ》では神社に関係があるね。

酒井　なるほど。富士山の近くの神社ですか。

ケイシー　神社の神主《かんぬし》の家に生まれています。

酒井　神主の家？

（映画「神秘の法」のワンシーンより）

木花開耶姫《このはなのさくやびめ》
日本神話の女神《めがみ》。邇邇《にに》芸命《ぎのみこと》の妻として海幸彦と山幸彦を生んだとされている。映画「神秘の法」（2012年秋公開）にも登場している。（『神武天皇は実在した』〔幸福の科学出版刊〕参照）

ケイシー　そこで生まれている。

酒井　主宰神《しゅさいしん》というか、どういう神を祀《まつ》った神社か、お分かりになりますか。

ケイシー　うーん。（約十五秒間の沈黙《ちんもく》）
※木花開耶姫《このはなのさくやびめ》の神社だと思います。

酒井　ああ、そうですか。

ケイシー　富士山が見える所で、木花開耶姫を祀っていますね。

酒井　これが直前世と考えてよろしいのでしょうか。

ケイシー　直前世だと思います。

儀式《ぎしき》等によって富士山の噴火《ふんか》を鎮《しず》めようとした

酒井　時代は、いつごろか、特定できますでしょうか。

ケイシー　富士山が噴火《ふんか》したあとあたりに、神社がやたらと建っています。だから、一七〇〇年代ですね（注。前回、富士山が噴火したのは一七〇七年）。

酒井　江戸《えど》時代の半ばぐらいですね。

ケイシー　噴火したあと、富士山の神を鎮《しず》める神社が、やたらと建っていますが、そのなかの一つの家に生まれていると思います。

酒井　その神社の神官のときが直前世ですか。

ケイシー　富士山の噴火は、たぶん、一七〇〇年代の初めだと思うんですよ。今の東海道線から見た富士山の右肩《みぎかた》の所に、小さな噴火口があると思うんですけど、そのときの噴火でできたんですね。その噴火後、これを鎮めるために神社が数多く建っていますが、生まれたのは、そのなかの一つですね。

だから、あえて職業を特定するとすれば、前世は神社の神職です。これが過去世《かこぜ》の一つです。

そういう意味では、儀式《ぎしき》的なものが好きですね。祝詞《のりと》を唱えたり、お祓《はら》いをしたり、祈願《きがん》をしたり、精神統一をしたり、そういうことをして、富士山の噴火を鎮めようとしています。その意味での、「国難を救いたい」という気持ちは、今世《こんぜ》にもつながっているかもしれません。

酒井　なるほど。

ケイシー　噴火によって、火山灰も降っているし、溶岩流《ようがんりゅう》で亡《な》くなった人が出た村もあるし、いろいろなことがあったので、そういうことの弔《とむら》いも兼《か》ね、神の怒《いか》りを封《ふう》じ込《こ》めようとして、その番をしているように感じます。
　前世は、意外に、宗教家と言えば宗教家かな。

酒井　富士山の噴火のあと、神社が……。

ケイシー　増えたんですよ。

酒井　そこに生まれてきたんですね。

ケイシー　そう。そこの神職です。

3　関ヶ原《せきがはら》の合戦では、宮本武蔵《みやもとむさし》と共に戦う

武蔵《むさし》とは個人的な知り合いで、仲間だった

酒井　その前は、いかがでしょうか。

ケイシー　はい。ちょっと待ってください。今のものは一七〇〇年代だと思うので、それより、もう少し前を見てみます。（約二十秒間の沈黙《ちんもく》）

うーん。関ヶ原《せきがはら》の合戦のころにいますね。

宮本武蔵《みやもとむさし》(1584?~1645)
江戸《えど》時代初期の剣豪《けんごう》。巌流島《がんりゅうじま》での戦いなど、生涯《しょうがい》60数回の勝負に全勝したことで知られる。「二天一流《にてんいちりゅう》」の兵法の祖として、晩年、剣術の極意を『五輪書《ごりんのしょ》』として書き遺《のこ》した。

酒井　ああ、そうですか。

ケイシー　それに近いようですね。関ヶ原の合戦のころにいます。※宮本武蔵《みやもとむさし》も関ヶ原の合戦に参加しているんですが、武蔵とは知り合いですね。

酒井　なるほど。

ケイシー　武蔵は、あれに参加して、だいぶ敵を斬《き》ったんですね。ただ、さすが剣豪《けんごう》でも、いや、まだ、その始まりですけど、相手は万の軍勢ですから、どうしようもなくて、適当なところで逃《に》げてはいます。

この人は、当時、武蔵と出会っており、縁《えん》がありますね。合戦のあとにはバラバラになりましたが、間違《まちが》いなく武蔵の仲間だったと思います。一緒《いっしょ》に戦った仲間のなかにいたように見えます。だから、武蔵を個人的に知っていますね。

酒井　この方の剣の腕《うで》は、かなりのものだったのでしょうか。

ケイシー　そうですねえ、「関ヶ原の合戦で死ななかった」ということだけでも、やはり、「そこそこ、腕は立った」と言えるのではないでしょうか。剣豪というところまでは行かなかったと思いますが、「武蔵の近くで一緒に戦い、そこで生き延びた」という意味では、「そこそこ、腕は立った」と見てよいかと思います。

ただ、のちに武蔵が「剣聖《けんせい》」と言われるまでになったので、驚《おどろ》いていますね。

「関《せき》ヶ原《がはら》」のあとは、三河《みかわ》周辺で組頭《くみがしら》のような立場にいた

ケイシー　この人は、その後《ご》、どこかに仕《つか》えているようです。「関《せき》ヶ原《がはら》」のあと、どこに仕えたんでしょうね。（約十秒間の沈黙）

うーん。三河《みかわ》周辺にいるように感じます。

酒井　三河というと、徳川《とくがわ》の……。

ケイシー　本拠地《ほんきょち》でしたが、やがて徳川は江戸《えど》に移っています。関ヶ原の合戦で東軍と西軍が戦っているので、そのころには家康《いえやす》は江戸にいます。

酒井　三河には、もういないわけですね。

ケイシー　家康は江戸のほうに移動させられております。だから、そのあとの誰《だれ》かに三河付近で仕えているようです。

当時の名前は、よくは分からないが、おそらく、侍《さむらい》としては組頭《くみがしら》ぐらいまでは行《い》っている感じはするので、少なくとも、何十人かを使えるような身分にまではなっていると思います。名前は、はっきりとは分かりません。

國領　時代的には、石原《いしはら》前都知事の過去世《かこぜ》である天海《てんかい》と重なるかもしれないのですが（『石原慎太郎《しんたろう》の本音炸裂《さくれつ》』〔幸福実現党刊〕参照）、天海との縁はありますか。

ケイシー　うーん。直接にはないですね。直接にはないと思います。

むしろ、「武蔵と顔見知りだった」というところに、この時代のウエイトはあるような気がいたします。

だから、剣豪なり、剣聖なり、剣で身を立てたり、剣で有名になったりする者に対する思い入れが強く、それが、あとあと尾《お》を引いているというか、魂《たましい》のなかに遺《のこ》っていますね。

武蔵が有名になり、その名前が鳴り響《ひび》いていったので、それへの郷愁《きょうしゅう》のようなものを、すごく持っており、心に深く秘するものはあったようですな。「天下一になりたい」という気持ちを持っていたが、それは、このときには成就《じょうじゅ》していないんですね。

4 奈良《なら》時代には、行基菩薩《ぎょうきぼさつ》や光明皇后《こうみょうこうごう》のもとで働く

行基《ぎょうき》の手助けをして、数多くの寺院を建立《こんりゅう》した

ケイシー　もう少し前を見てみます。（約三十五秒間の沈黙《ちんもく》）

お寺を建てていますね。「四国八十八箇所《かしょ》」のお寺を建てるのを手伝っています。

行基《ぎょうき》（668〜749）
奈良時代の僧侶《そうりょ》。全国各地で、橋を架《か》けるなどの土木工事を行い、さまざまな救済活動を行ったので、民衆に非常に人気があった。朝《ちょう》廷《てい》から大僧正《だいそうじょう》に任命され、勧進《かんじん》など、東大寺の大仏建《こん》立《りゅう》にも貢献《こうけん》した。

手伝っている相手は※行基《ぎょうき》さんですね。

酒井　あっ、行基様ですか。

ケイシー　行基菩薩《ぼさつ》が「四国八十八箇所」のお寺の半分近くを建てているのですが、そのお手伝いをしています。

　行基さんのお手伝いをしているので、おそらく、この人も僧職《そうしょく》にあると思います。行基さんのもとで、お金を集めたり、人々を動かして、お寺を建てたりする事業をやっています。その意味では、資金を集めたり、お寺などを建設したり、人を動かしたりする、オルガナイザー（組織者）としての能力を持っています。

この人は宗教的です。

酒井　当時は、かなり大衆布教《ふきょう》を行ったはずですが……。

ケイシー　そうです。

行基さんは、一種のカリスマで、民衆にとても人気がありましたし、日本の国の政府が、お金を十分に集めることができなかったので、お金集めを手伝い、大仏の建立《こんりゅう》もなされましたが、それだけではなく、お寺も数多く建てたんですね。

この人は、行基さんのお供をしながら、そのお手伝いをしているので、民衆の人気を引き寄せることについては、非常に心得ているというか、分かっています。また、カリスマ的な人気を持っている人に惹《ひ》かれる傾向《けいこう》がすごく強く、「この人物のもとで勉強し、自分も、このようになってみたい」という気持ちを持っています。

行基さんは空海《くうかい》さんより前の時代の人ですね。この行基さんなどが建てたお寺と、空海さんの建てたお寺とが、「四国八十八箇所」として、あとで一緒《いっしょ》になるんです。お寺の半数ぐらいを空海さんが建て、それ以前に行基さんなどが建てたものと併《あわ》せて、八十八箇所として整備されていくんですね。

大仏建立《こんりゅう》にもかかわり、野田《のだ》首相の過去世《かこぜ》とも面識があった

ケイシー　行基さんは、お寺を建てていきましたが、最後に行《おこな》ったのが奈良《なら》の大仏の建立《こんりゅう》です。

酒井　この方は大仏建立にもかかわっているのですか。

ケイシー　大仏建立のときに、野田《のだ》首相の過去世《かこぜ》を見ていますね（注。野田首相の過去世の一つは奈良時代の役人であり、貨幣《かへい》における金《きん》の比率を薄《うす》める仕事などを

していた。『沈《しず》みゆく日本をどう救うか』〔幸福実現党刊〕参照）。

酒井　野田さんの過去世を見ている？

ケイシー　当時、〝野田さん〟は、政府の役人として、大仏建立の勧進《かんじん》などについての資金計画を立てていました。

酒井　ああ。

ケイシー　政府は行基さんの人気でお金を集めていて、この人は、そのお手伝いもしています。だから、行基さんとのお付き合いは、けっこう長いし、〝野田さん〟のことも知っていますね。

酒井　この方が、どのような感情を抱《いだ》いていたか、分かりますか。

ケイシー　〝野田さん〟に対して？

酒井　はい。

ケイシー　大仏建立は、ものすごい国家事業で、国家予算をはるかに超《こ》えていた大事業でした。だから、政府だけではできないので、行基さんのカリスマ性に頼《たよ》って諸国からお金や貢《みつ》ぎ物を集め、人も集めて行いました。当時としては非常に巨大《きょだい》な国家プロジェクトです。

これを、彼（野田首相の過去世）は役人の側でやっていたのですが、この人は僧侶として行基さんを支えていた側であり、国家プロジェクトの推進の仕事を一緒にやっていたわけですね。

大仏建立の目的は、「仏様の功徳《くどく》によって、この国を護《まも》る」ということであり、「『国家の安護《あんご》、治安のために、大仏を建てる』という大事業に協力していた」という意味で、この人は、「仏法真理《ぶっぽうしんり》に基《もと》づいた国づくり」という、今の仕事に共鳴するものを持っていますね。

仕事の役割が違《ちが》うので、〝野田さん〟に対しては特別な感情を持っていないと思います。あちらは役人としての立場です。

この人は、やはり、行基さんの「スーパーヒーローとしてのカリスマ性」に、たいへん惹《ひ》かれています。

奈良の若草山《わかくさやま》に何千人もの人が集まり、行基さんの説法《せっぽう》を聴《き》いている様子を、この人は、そばで見ていました。行基さんの〝スーパーライブ〟を見ていたんですよ。

昔は、今とは違い、大きな会場はないので、若草山の、なだらかな丘《おか》の上に、民衆だけではなく、役人も含《ふく》めて、大勢の人が集まりました。行基さんは、その人たちの前で話をし、人々を惹きつけたんですね。

この人は、行基さんが、「仏のために、世界最大の大仏をつくろうではないか」と言っているのを聴いていて、〝しびれて〟います。
だから、そういうものに非常に心惹かれる傾向を持っています。

酒井　この方は、行基様とは、かなり近い関係ですか。側近ぐらいでしょうか。

ケイシー　うーん。かなり近かったと思われます。

酒井　では、当時、行基さんのお仕事を本当に支えていた方だったわけですか。

ケイシー　そうですね。

光明皇后《こうみょうこうごう》とも交流があり、社会救済事業の相談を受けている

酒井　この方は※光明皇后《こうみょうこうごう》と直接に会ったことはないかもしれませんが、光明皇后とは、どのような関係だったのでしょうか。

ケイシー　いや、光明皇后に声をかけてもらっていると思いますね。

酒井　そうですか。

ケイシー　光明皇后は、施薬院《せやくいん》や悲田院《ひでんいん》など、いろいろなものを建てていき、難民などの救済をしておられたので、仕事としては関連しており、交流はあったと思われます。

要するに、一種の「宗教による社会救済事業」を行っていたわけです。

光明皇后《こうみょうこうごう》（701～760）
大仏建立《こんりゅう》を行った聖武《しょうむ》天皇の皇后。仏教に深く帰《き》依《え》し、東大寺や国分寺、国《こく》分《ぶん》尼《に》寺《じ》の建立を天皇に進言するとともに、悲田院《ひでんいん》や施薬院《せやくいん》を設置して、貧しい人々や病人の救済を行った。（『女性リーダー入門』〔幸福の科学出版刊〕第2章「光明皇后の霊言《れいげん》」参照）

その一つは大仏やお寺の建立です。当時は、病気や戦争、外国との関係など、いろいろな国難があり、それから人々を救うために、大仏を建て、仏の加護《かご》を頂く必要がありました。

それと同時に、具体的な実践策《じっせん》として、「貧民や難民、病気の人、特に難病の人たちを救う」ということを、光明皇后が実践しておられましたが、この人は、そういうことについて、多少、相談をお受けになったりしていると思います。

当時の奈良が今は東京かもしれませんが、この人には、「宗教を核《かく》にして、都市計画を立てたり、社会的に困っている人たちを救っていくプロジェクトをつくったりする」ということには適性があると思います。

そういう意味では、宗教政治家になる芽はあるでしょう。その素質があると考えられます。

そして、いつもスーパースターを夢見ていますね。そういうところが見えます。

5　邪馬台国《やまたいこく》では、卑弥呼《ひみこ》や壱与《いよ》に仕《つか》える

宗教によって国を治めることに、強い情熱を持っている

酒井　ほかに、主エル・カンターレとの関係で、特筆すべき転生《てんしょう》があれば、教えていただけますでしょうか。

ケイシー　（約十秒間の沈黙《ちんもく》）「エル・カンターレと関係があるか」と言われると、

卑弥呼《ひみこ》（3世紀初めごろ）
九州の有明海《ありあけかい》に臨《のぞ》む地域に生まれ、邪馬台国《やまたいこく》（大和《やまとの》国《くに》）の女王となる。天上界《てんじょうかい》の天照大神《あまてらすおおみかみ》から神示《しんじ》を受けて政《まつりごと》を行っていた。『女性リーダー入門』〔幸福の科学出版刊〕第1章「卑弥呼の霊言《れいげん》」参照）

あれですが、奈良《なら》時代より前の過去世《かこぜ》を見ると、邪馬台国《やまたいこく》が見えてきます。これは女王の国ですね。ここで女王にお仕《つか》えしています。この人は女性にもお仕えする人ですね。

酒井　お仕えした相手は、卑弥呼《ひみこ》※様ですか。それとも、二代目女王の壱与《いよ》（注。卑弥呼の養女）様ですか。

ケイシー　たぶん、両方にお仕えしていると思います。

だから、やはり、宗教は好きですね。「宗教によって国を治める」ということに対して、非常に情熱を持っているのではないでしょうか。

神職と政治家とを兼《か》ねたような立場だった

酒井　当時の役割は、どのようなものだったのでしょうか。

ケイシー　「神職」と「政《まつりごと》をする政治家」とを兼《か》ねたような立場ではないでしょうか。

酒井　では、それなりの地位のある方であったわけですか。

ケイシー　そうですねえ、当時の政治は今の国政とは違《ちが》うので、何とも言えませんが、卑弥呼様や壱与様等のお取り次ぎ役に近いので、今で言うと、天皇を補佐《ほさ》する内閣に当たるかもしれませんし、あるいは、宮内庁《くないちょう》の役人に当たるかもしれません。

職制は特定しかねますけれども、宗教的には、ある程度の地位はあると思いますし、現実の国政にかかわっているところもあります。いろいろな人の声を聴《き》き、政を行っていくほうの立場です。

女王のほうは、どちらかというと、神の声を聴くことが中心になるので、それを現実へと橋渡《はしわた》しするところを担《にな》っています。

6　宗教と政治にまたがる魂《たましい》

多くの人々の心をつかみ、動かすことに関心がある

ケイシー　やはり、「この人は、宗教と政治の両方にまたがっている」と感じられますね。

だから、侍《さむらい》というよりは宗教家だと思います。意外に宗教家であり、宗教と政

治の間《あいだ》にある方です。

今、ライブを行ったり、歌を歌ったりしているのであれば、それは、「多くの人の心をつかんで動かすことに、たいへん関心がある」ということでしょうし、やはり、「スーパースターが好きだ」ということでしょう。

とにかく、スーパースターが好きなのです。ですから、卑弥呼《ひみこ》様や行基《ぎょうき》様、宮本《みやもと》武蔵《むさし》など、スーパーヒーローのそばにいることが、とてもお好きですね。

酒井　本人も、それを目指しているわけですね。

ケイシー　「人気の研究」のようなものが、魂《たましい》の傾向《けいこう》性として非常に強くあるように感じられます。

「宗教が絡《から》んだ政治」で、最も適性を発揮できる

ケイシー　だから、この人にとっては、政治の方面に進むことも悪くないと思いますよ。「宗教が絡《から》んだ政治であれば、魂のなかで最も適性のあるところを発揮できるのではないか」と私は思います。

酒井　なるほど。トクマ氏本人には、「武将のようなイメージで行きたい」という思いがあるのかもしれませんが……。

ケイシー　いやあ、それでしたら、きっと会社勤め（トヨタ）が務まっていたでしょうが、おそらく、そういうタイプではなさそうです。

酒井　適性があるのは宗教と政治ですね。

ケイシー　音楽は、この人にとって、本当は、神や仏の声、霊言《れいげん》・霊示《れいじ》のようなものを受けるインスピレーション体質の代弁だと思いますね。だから、感性が豊かなのでしょう。いろいろと神がかってくるような瞬間《しゅんかん》も、おそらく経験されるだろうと推定されます。

これまでの過去世《かこぜ》で、宗教と政治の両方に絡み、国難に立ち向かったり、国の象徴《しょうちょう》的な行事を手伝ったりしていることから見て、政治に進出することは決して悪くないと私は思っています。

酒井　ありがとうございます。

ケイシー　はい。

大川隆法　（エドガー・ケイシーに）どうもありがとうございます。

7　国難に燃えよ！

国難のときに活躍《かつやく》した宗教系の人で、大衆布教《ふきょう》もできる

大川隆法　うーん。トクマ氏本人は、幸福維新《いしん》の志士として、パッカ、パッカと、馬に乗って出てくる感じの人物でありたかったのでしょうが、実際には、きちんとした宗教系の人であり、国難や国の大事のときに、けっこう頑張《がんば》って活躍《かつやく》していたようです。「必ずしもトップではないが、スーパースターの近くにいて、何らかの役割を果たしている」という感じですね。

酒井　「しっかりとした仕事をされてきた」という印象を受けました。

大川隆法　スーパースターの影響力《えいきょうりょく》やカリスマ性のようなものを、上手に生かすことのできる力があるのではないでしょうか。

酒井　そうですね。そして、宗教家として大衆布教《ふきょう》もできるようです。

大川隆法　教えを伝えるんでしょう？

酒井　はい。

大川隆法　「教えを人に伝えて、人を動かす力」が、きっとあるのではないでしょうか。

酒井　ええ。ただ、トクマ氏本人は、「宗教となると、少し弱いかな」と思っているかもしれません。

大川隆法　本人は、実際には侍《さむらい》のような感じでいたいのでしょう。ホウキを持ち、尖閣諸島まで泳いでいったわけですから、国難のようなものに対しては燃えるのではないでしょうか。

酒井　宗教への情熱には強いものがあると感じられます。

大川隆法　それから、「鎮護《ちんご》国家」のようなものも好きなのではないかと思います。

酒井　そうですね。映画「神秘の法」で、〝富士山が噴火《ふんか》した場面〟が公開されたあとに、トクマ氏が登場してきたことには、やはり意味があって、「噴火を止める」

という役割が……。

大川隆法　「富士山の噴火」「木花開耶姫《このはなのさくやびめ》」「トクマ」というのは、〝いい組み合わせ〟ですね（笑）。

酒井　「都知事選にトクマ氏が落ちたら、富士山が噴火してしまうのではないか」というようなイメージが……。

大川隆法　そうですね。富士山は、今、日本を象徴《しょうちょう》していますから、噴火して、東京都に火山灰が降るかもしれません。

酒井　はい。だから、「当選しないと、富士山は危ないぞ」という感じになります。

大川隆法　そうですね。

トクマのライブ感覚の元は「行基《ぎょうき》の若草山《わかくさやま》での説法《せっぽう》」

大川隆法　過去世《かこぜ》の名前は、はっきりとは出ませんでしたが、トクマ氏は、わりあい重要な役目を果たしてきているのではないでしょうか。

酒井　「過去世から考えれば、都政を任せられる人だな」と思いました。

大川隆法　「教えを大衆に伝え、大衆を動かす」というようなことに向いており、何らかの神秘性や宗教性がないと燃えないタイプなのでしょう。

酒井　そうですね。

大川隆法　トクマ氏のライブ感覚のもとは「行基《ぎょうき》の若草山《わかくさやま》での説法《せっぽう》」ですか。行基は、若草山に集まってきた何千人もの人に対し、マイクなしで説法をしていたらしいので、まるでイエスのようですよね。

酒井　そうですね。

大川隆法　それがライブ感覚のもとにあって、そういうものに惹《ひ》かれるんですね。

酒井　まさしく、宗教政治家であり、宗教ミュージシャンです。

大川隆法　いいですね。

酒井　はい。いいと思います。

大川隆法　その「いいところ」を切り取って使えるといいですね。

酒井　そうですね。

では、本日は、どうもありがとうございました。

大川隆法　どうもありがとうございました。

この内容はトクマ氏本人の希望とは少し違《ちが》ったかもしれません。でも、宗教政治家としての正当性があって、よろしいのではないでしょうか。

あとがき

常々、私は正論を貫き通せと言い続けている。それを実践してみせるのが、信仰ある者の姿である。

日蓮は、『立正安国論《りっしょうあんこくろん》』で、正法《しょうぼう》が広まらなければ、地震、飢饉《ききん》、疫病に始まって、内憂・外患に国が襲われることを幕府に諫言《かんげん》し、その結果、鎌倉は由比《ゆい》ヶ浜《はま》で首をハネられかけ、その後、佐渡ヶ島に流罪《るざい》となった。

やがて、予言が的中し、二度の元寇《げんこう》に肝を冷やした鎌倉幕府は、日蓮を赦免《しゃめん》した。その八百年後も日蓮宗系が政治に熱心な理由がここにある。

すべからく宗教者は、時代を超克《ちょうこく》せねばならぬ。この国を救うのは、勇気ある正論と実行力だ。チャイナが正しい国なら、私は、ナアナア主義の平和論も、商売のため目をつぶれというバカ左翼ジャーナリズムも、少しは理解できる。しかし、彼らの正体は、未開の海賊国家である。世界が善に向かうのを望むなら、「一喝《いっかつ》」が必要である。

二〇一二年　十一月一日

幸福《こうふく》の科学《かがく》グループ創始者兼総裁《そうししゃけんそうさい》　大川隆法《おおかわりゅうほう》

『ジョーズに勝った尖閣男』大川隆法著作参考文献

『ＮＨＫはなぜ幸福実現党の報道をしないのか』（幸福の科学出版刊）
『「人間グーグル」との対話』（幸福実現党刊）
『国防アイアンマン対決』（同右）
『石原慎太郎の本音炸裂』（同右）
『沈みゆく日本をどう救うか』（同右）

ジョーズに勝《か》った尖閣男《せんかくおとこ》 ――トクマとの政治対談――

2012年11月7日　初版第1刷

著　者　大《おお》川《かわ》隆《りゅう》法《ほう》

発行所　幸福の科学出版株式会社
〒107-0052 東京都港区赤坂2丁目10番14号
TEL(03)5573-7700
http://www.irhpress.co.jp/
印刷・製本　株式会社 堀内印刷所

落丁・乱丁本はおとりかえいたします

ISBN978-4-86395-265-2 C0030

大川隆法 ベストセラーズ・幸福実現党の魅力とは

国防アイアンマン対決

自民党幹事長 石破茂守護霊
vs. 幸福実現党出版局長 矢内筆勝

いま、改めて注目される幸福実現党の国防戦略とは!?　国防第一人者と称される石破氏守護霊の本音が明かされる緊急国防論争。

【幸福実現党刊】

1,400円

「人間グーグル」との対話

日本を指南する

氾濫する情報の中から、真実だけをクリックする——。国師と幸福実現党政調会長が、日本の問題点と打開策を縦横無尽に語り合う。

【幸福実現党刊】

1,400円

「アエバる男」となりなさい

PRできる日本へ

アメリカ共和党も認めた幸福実現党の正当性！ 国師との対談から見えてくる日本政治の問題点と、国難を打破する人材論とは。

【幸福実現党刊】

1,400円

※表示価格は本体価格(税別)です。

入会のご案内

あなたも、幸福の科学に集い、ほんとうの幸福を見つけてみませんか？

幸福の科学では、大川隆法総裁が説く仏法真理をもとに、「どうすれば幸福になれるのか、また、他の人を幸福にできるのか」を学び、実践しています。

入会

大川隆法総裁の教えを学ぼうとする方なら、どなたでも入会できます。入会された方には、『入会版「正心法語」』が授与されます。（入会の奉納は1,000円目安です）

ネットでも**入会**できます。詳しくは、下記URLへ。

三帰《さんき》誓願《せいがん》

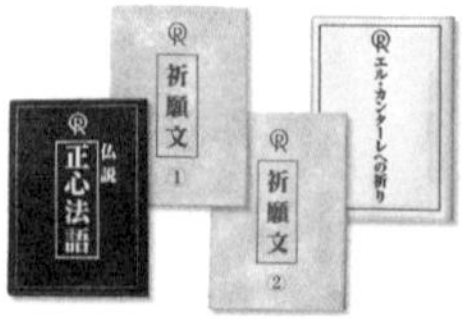

仏弟子としてさらに信仰を深めたい方は、仏・法・僧の三宝への帰依を誓う「三帰誓願式」を受けることができます。三帰誓願者には、『仏説・正心法語』『祈願文①』『祈願文②』『エル・カンターレへの祈り』が授与されます。

植福《しょくふく》の会

植福は、ユートピア建設のために、自分の富を差し出す尊い布施の行為です。布施の機会として、毎月1口1,000円からお申込みいただける、「植福の会」がございます。

「植福の会」に参加された方のうちご希望の方には、幸福の科学の小冊子（毎月1回）をお送りいたします。詳しくは、下記の電話番号までお問い合わせください。

月刊「幸福の科学」

ザ・伝道

ヤング・ブッダ

ヘルメス・エンゼルズ

INFORMATION	幸福の科学サービスセンター TEL. 03-5793-1727（受付時間 火～金：10～20時／土・日：10～18時） 宗教法人 幸福の科学 公式サイト http://www.happy-science.jp/